任正非

什么时候出发都不晚

易云 著

U0944485

IT'S NEVER TOO LATE TO START

文汇出版社

图书在版编目（CIP）数据

任正非：什么时候出发都不晚 / 易云著. —上海：文汇出版社，2014.9

ISBN 978-7-5496-1255-0

Ⅰ. ①任… Ⅱ. ①易… Ⅲ. ①任正非 - 生平事迹 Ⅳ. ① K825.38

中国版本图书馆 CIP 数据核字（2014）第 202872 号

任正非：什么时候出发都不晚

出 版 人 / 桂国强
作　　者 / 易　云
责任编辑 / 戴　铮
封面装帧 / 嫁衣工舍
出版发行 / 文匯出版社
上海市威海路 755 号
（邮政编码 200041）
经　　销 / 全国新华书店
印刷装订 / 三河市京兰印务有限公司
版　　次 / 2014 年 11 月第 1 版
印　　次 / 2020 年 6 月第 3 次印刷
开　　本 / 710×1000 1/16
字　　数 / 216 千字
印　　张 / 16

ISBN 978-7-5496-1255-0
定　价：36.00 元

IT'S NEVER TOO LATE

TO START

- **好的创业书**，不是什么神话故事，而是看人怎么掉坑里的。
- **好的创业书**，不仅仅是看人掉坑里来满足自己的偷窥欲，
  而是要告诉你怎么绕开这些沟壑，
  尽可能地让自己别摔得鼻青脸肿。
- **好的创业书**，不是用神话故事来刺激你的荷尔蒙分泌，
  而是最好告诉你从哪儿开始，怎么开始，
  好歹，让你上道。

只要你怀揣梦想，这里就一定有你将要走的路，

这里是绝对不一样的成功。

- **谈企业管理，他强调危机意识**
  他说“对手优化了，你不优化，等待你的就是死亡”；

- **谈人才培养，他提倡不断清零**
  他办起中国企业的黄埔军校，鼓励员工去上华为大学、申请岗位调配；

- **谈创业，他崇尚团队合作**
  他说创业是一个永恒的过程，需要一代又一代人持之以恒的努力。

他，就是华为技术有限公司的总裁

任正非。

前言

2014 年是华为颇具纪念意义的一年。根据华为公司最新的财报显示，华为 2013 年度的销售收入达到了 2390 亿元（约合 395 亿美元），净利润为 210 亿元（约合 34.7 亿美元），这是华为在销售收入和净利润两方面首次同时超越爱立信，跻身为全球最大的通信设备商。从最初仅仅 8 个人的销售代理商到全球最大的通信设备商，华为这条发展之路走了 27 年。这 27 年既是华为的发展史，也是任正非的创业经营史。华为今年取得的成就或许是给任正非最好的贺岁大礼，因为今年恰好是任正非的 70 岁大寿。

任正非创造了华为，并且创造了中国企业史上的一大奇迹，任正非更是被誉为这个时代的英雄、了不起的民营企业家，《中国企业家》杂志更是授予任正非“终身成就奖”。然而，不仅仅是中国的企业家将其视为泰斗，国际上的诸多经济学家也对其敬重有加。《福布斯》将其评为“最受国际尊重的中国企业家”，英国《经济学人》杂志认为他创办的企业是“外国跨国公司的灾难”,美国《时代》周刊评价他具有“惊人的企业家才能”……一连串的光环下，任正非似乎被赋予了传奇的色彩。然而，这位英雄却不这么看。

任正非将华为的成功归结于“艰苦奋斗”。这种奋斗从 1987 年创业之初一直持续到今天都不曾改变。27 年的坚持看上去有些偏执，但正是这股偏执劲儿让华为从不计其数的民营企业中脱颖而出，成为一方霸主。对此，任正非本人也毫不避讳地坦言道：“唯有偏执才能成功。”

“什么时候出发都不晚。”这句话是对任正非创业过程最好的写照，也是对千千万万设想创业、准备创业、正在创业的人的最好鼓舞。成立华为的那一年，任正非43岁，而华为的创立，完全是迫于生计。1983年，任正非从部队复员转业之后，到深圳南海石油后勤服务基地，然而整个工作的过程并不顺利，以至于让任正非在1987年的时候放手一搏，成立了华为。一直以来，人们都习惯性地认为，创业是年轻人的事情，到了三四十岁，人就应该趋于平稳，“不惑之年”成为顾家守家的代名词，“心有余而力不足”成为搪塞自己的最好借口。事实上，人们从来不缺想法，缺的是务实的行动。缺少了行动，壮志未酬的志士也就只能感慨“英雄迟暮”了。

迟到的出发也让任正非有了更多的优势，思想的成熟让华为在发展的过程中得到了更多的保障。“惶者才能生存”的思想在华为根深蒂固，正是因为有了这种发展中的危机意识，才能让华为有更多的机会来思考“如何活下去，寻找我们活下去的理由和活下去的价值”这一类的问题。华为并非没有遭遇过困境的考验，但每当华为步入一个迷茫的发展阶段时，任正非总能在关键时刻站出来，为华为做出正确的指导，使得华为一次次安然地渡过难关。任正非并非天生就是卓越的企业家和领导者，他也是经过了披荆斩棘、披星戴月的奋斗，历尽艰难困苦，才成就辉煌。诸如奋斗、务实等再朴实不过的发展管理理念，看似平淡无奇，却在持之以恒的坚持下焕发出了神奇的色彩。

当然，任正非的成功并不仅仅依靠着“什么时候出发都不晚”这一句话，关于任正非为什么能够成功的探讨也一直没有中断过。本书则主要针对任正非的经典讲话进行深入剖析，对核心精神进行总结归纳，为创业途中感到迷惘、工作途中感到困惑的年轻人提供了一套可以借鉴的工作思路，让平时的奋斗不再成为一个空泛的概念。

大批企业的成长推动了中国经济的快速发展，而中国的未来则需要更多的优秀企业来支撑，这也就需要更多的“任正非”式人物快速成长起来。

什么时候出发都不晚，就怕不敢出发，不敢坚持走下去。

第一章

华为没有绝招，任正非没有绝招

华为没有绝招，任正非没有绝招，有的只是对企业成长与经营管理常识的探索、遵从、敬畏和坚守。

华为荣耀之——优质品格

第二章

做一个合格的华为人

企业发展最重要的就是人，华为公司给员工提供了更多的机会，提高合作能力与技术、业务水平，发挥管理与领导才干，显现精英本质。

华为荣耀之——精英员工

第三章 下一个倒下的不会是华为

华为并非创业伊始即成为行业的领军企业，它也是经过了披荆斩棘、披星戴月的奋斗，历尽艰难困苦，才成就了今日辉煌。

华为荣耀之——艰苦奋斗的精神

第四章

经得起千锤百炼的华为精英们

在华为发展的每一个横、纵坐标点上，每一个关键的、迷茫的时间节点上，华为的干部们肩负着责任做出了榜样，他们的精神像火凤凰一样永放光芒。

华为荣耀之——最有责任心的干部

第五章

创新就是在超越自己

在危险中抓住机会，不懈地创新，一次次超越自己，成就华为领先之势。

华为荣耀之——有价值的创新

第六章

构建均衡、有活力的管理体系

把握市场需要，构建均衡、有活力的管理体系，决定了企业未来的高度发展，使企业在同行业中总处于领先地位。

华为荣耀之——完备的体系

第七章

华为的企业高效管理与华为的兴衰逻辑

大部分企业的价值体现在市场上，华为的价值体现在企业高效经营管理上，它所取得的胜利并非偶然。

华为荣耀之——高效的管理

第八章 奔跑中的危机和博弈

在企业每一次变革的背后，管理对企业的发展影响非常大。只有适合企业的发展管理和文化，才能够让企业蓬勃发展。

华为荣耀之——顺应市场的变革

第九章 接轨国际，做领先企业

跨出国门，成为一家国际性企业是面对危机的必然要求。华为成为成功的国际化企业，中国企业的未来，是靠华为这样的企业推动的。

华为荣耀之——长期的企业发展战略

第十章
资源是会枯竭的，唯有文化生生不息

核心竞争力对一个企业来说应该是多方面的，对华为来说，虽然技术是核心，市场是生命线，但企业文化却是保障企业发展的前提条件。

华为荣耀之——企业的传承文化

第一章

华为没有绝招，任正非没有绝招

华为没有绝招，任正非没有绝招，有的只是对企业成长与经营管理常识的探索、遵从、敬畏和坚守。

华为荣耀之——优质品格

年轻
无极限

只要我们能坚持虚心地学习，就能在年轻的平台上不断进步。

公司年轻是一个弱项，但也是一个强项。年轻缺少经验和全局的规划能力，但年轻是我们今后发展的巨大优势，未来的10年便是发挥这个潜在实力的舞台。只要我们能坚持虚心地学习，就能在年轻的平台上不断进步，产品也能不断发展、延伸。C&C08像一株常青树一样，不断地长出技术的新芽。对于外国产品，我们现在还争不赢他们，但明天就会强有力。今天，有些方面还没有达到的要求，明天我们会逐步完善，以满足日益发展的需要。

我们的队伍平均年龄在25岁，刚刚进入成熟期。而发达国家的一些著名公司，刚好处在老人退役、新人交替的历史时期，刚好会出现三五年的时间缝隙，这给了我们突击的机会。我们在这个时期确立自己的国际地位,对我们年轻的队伍是一个考验。我们有着年龄优势地位，与国内巨大市场支持的优势地位，这将促进我们在国际市场占有有利地位，这是十分有希望的。如果我们不继续艰苦奋斗，不努力使管理水平与国际接轨，大好形势就会付诸东流。到21世纪初，我们一点优势都没有，只有进入破产整顿，千万不要盲目乐观，一定要戒骄戒躁。

我们还是一个小公司，发展中的公司。在中央及地方各级政府的支持和帮助下，依靠自身力量，克服了重重困难，终于有所发展。多年的发展道路，我们认识到我们没有市场，只能靠技术先进、质量可靠、服务周到去争取市场。创建初期，我们的产品质量不好，是靠遍布在全国的33个维修点及时的售后服务来弥补的。各种及时的售后服务体系发展至今，已形成三级支持系统，200名优秀技术人员的服务网络，及时服务已成为良好的风气，市场对我们也越来越信任。

——摘自《再论反骄破满，在思想上艰苦奋斗》

延伸阅读

1996年华为公司员工发展到3100多人，但全公司员工的平均年龄才26岁左右，其中已经有60%取得了硕士、博士或高级工程师的学历和头衔，许多人已经掌握先进技术并从事电信研究工作达5年以上。正是这些高素质、高学历的青年男女在积极地推动着华为的快速发展。可见，随着公司员工年轻化趋势越来越明显，公司人才也越来越年轻化。华为某一员工曾对任正非提出一个问题:“与外国竞争对手相比,华为最大的优势与劣势在哪里？”任正非说:“华为最大的优势和劣势都是年轻，因为年轻，充满生命活力；因为年轻，幼稚病多，缺乏职业化管理。”因此，任正非认为，年轻有优势也有劣势，但只要对年轻队伍正确地培养、引导和管理，就会涌现出一批有才干的年轻人。

在华为，不但有工作七天就被提升为工程师的新人，还有19岁的高级工程师。即使那些较大的科研项目，华为也可以放心大胆地任用年轻人挂帅。在华为，曾经有年仅25岁的大学毕业生来领导500多人的中央研究部的事例。对于这件事，任正非的态度是：年龄小压不垮，有了毛病，找来提醒一下就改了。正是这种不受传统观念束缚，不论资排辈，不拘一格，放开手脚大胆任用的用人理念，使得华为内部形成了奋勇向前、极具活力的氛围，给每一个员工都提供了很大的发展空间和成长机会。

在企业管理中，很多企业家认为年轻人做事浮躁、不可靠、过于急功近利，于是把年龄作为起用人才的一项重要标准，以此来降低用人风险。而事实上，年轻人也有很多长者不具备的优点和特长：他们年轻有朝气、想法新奇独特、接受新鲜事物能力强；他们敢作敢为、敢打敢拼，且头脑单纯，不善于工于心计，也不受那么多条条框框的约束，因此很有可能干出一番大事业。

Business Develop

美国一家研究机构曾经对职场中青年员工和中年员工身上促成事情成功的一些因素做出调查，得出了以下结论：

第一，在诚实度方面，年龄大一些的员工整体要高于年龄小一些的员工，这也意味着年纪大一些的员工更容易得到老板的信赖。

第二，在做事的态度上面，年龄大一些的员工总体来说更加谨慎、细心，而不像年轻员工那样可能会因为冲动冒险而为公司带来可怕的后果。

第三，年龄大的员工得到的合群度评价也很高，表明他们更乐意和其他员工发展良好关系。不可否认，好的工作氛围对一个组织的和谐运转至关重要。这种对社交的强调同样反映在大龄员工认为保持互相联系很重要上。而众所周知，在当今商界，建立和保持有益的联系是很有必要的。

第四，在选择工作时优先考虑的事项方面，年龄大的员工比年轻员工显示出了更强的稳定性和忠诚度。他们不仅对钱的关注较少，而且对工作的期待现实得多，因此不容易因日常工作缺乏活力和挑战而灰心丧气。所有这些，加上他们对长期稳定的工作感兴趣，意味着年龄大的员工更效忠于自己已有的工作，而不大可能为了追求新的刺激而跳槽。或许正是年龄大的员工对自己工作的这种忠诚，在证明他们是更好的雇员方面最有说服力。

第五，在对新生事物的接受能力和创新能力上，青年员工要明显优势于年龄大的员工。他们更加富有创造性，对于时代的发展更加敏感，虽然可能会因为经验的不足犯一些错误，但仍然是企业创新、紧跟时代不可缺少的重要力量。

综合这次调查研究亦可以得出这样的结论：年轻是弱项，也是强项。年轻人只要清醒地认识到自身的不足，努力吸收学习前辈的经验，充分发挥自己的长处，仍然能够成为企业的顶梁柱。

跟随黑暗中的微光
勇往直前

要在茫茫的黑暗中发出生命的微光，带领着队伍走向胜利。

我们公司也存在泡沫化，如果当年我们不去跟随泡沫也许当时就会死掉，跟随了泡沫未来也可能会死掉。我们消灭泡沫化的措施是什么？就是提高人均效益。

队伍不能闲下来，一闲下来就会生锈，就像不能等到打仗时才去建设队伍一样，不打仗时也要建设队伍。不能因为现在合同少了，大家就坐在那里等合同，要用创造性的思维方式来加快发展。军队的方式是一日生活制度、一日养成教育，就是要通过平时的训练养成打仗的时候服从命令的习惯和纪律。虽然我们不是军队，但也要有这种日常练兵的教育，越是困难时期，越要锻炼我们的队伍、磨炼我们的队伍。当市场下滑的时候，我们不加大对队伍的教育、管理和帮助，一旦将来有新的机会的时候，我们的员工怎么能雄赳赳、气昂昂地走向新的市场？！

我认为"冬天"对我们来说不一定是坏事，因为我们没有走到恶性化的边缘。相反，这可以使我们冷静下来，好好调整我们的队伍，调整我们的结构,抓住这个提高人均效益的好机会。确保"冬天"过去，"春天"到来时，我们的组织结构和战略队形不乱。

所以，虽然受行业环境影响，整个市场销售下滑，但队伍的士气不能衰退，还要雄赳赳、气昂昂地奔赴前线，越在困难时越要看到光明的前途。如果大家把今天的困难都看成是很大的困难，那红军在长征中怎么会想到未来会胜利？在卫国战争中，卓娅和舒拉被德军包围的情况下还能想到胜利？

克劳塞维茨《战争论》中有一句很著名的话："要在茫茫的黑暗中发出生命的微光，带领着队伍走向胜利。"战争打到一塌糊涂的时候，高级将领的作用是什么？就是要在看不清的茫茫黑暗中，让自己发出微光，带着你的队伍前进；就像希腊神话中的丹科一样把心拿出来燃烧，照亮后人前进的道路。越是在困难的时候，我们的高级干部就越要在黑暗中发出生命的微光，发挥主观能动性，鼓舞起队伍必胜的信心，引导队伍走向胜利。所有的领导一定要像丹科一样，一定要像克劳塞维茨所形容的高级将领那样，在茫茫的黑暗中，鼓舞精神，激励斗志。大家鼓舞士气，高唱着歌向前，最后活下来的可能就是华为。克劳塞维茨的这句话对我个人的鼓舞是非常大的。大家都知道，在"文革"中，我个人受到的挫折比别人大得多，当时根本就看不清楚未来的前途，也看不清楚光明……不管是来自家庭的社会影响，还是个人的努力奋斗，还是来自社会。但是那个时候我是靠自己把电子计算机、数字技术、自动控制等自学完的，虽然我那时看不到任何光明。我家人也开玩笑说，没什么用的东西也这么努力学，真是很佩服、感动。由于结交了一些西安交大的老师，这些老师经常给我一些油印的书看。我也是从那个时代熬出来的，如果我没有在那个时代看到光明，荒废了时间，我就不可能在今天这个时代站起来。所以，正因为我们对未来的胜利有一定的信心和把握，我们才会坚持不懈地拼搏。目的是希望通过这一轮艰难困苦的奋斗，锻炼培养一批好干部。面对这场艰难困苦的斗争，我们的高级干部一定要振奋起来，不要有太多的悲观情绪。

——摘自《任正非：在研委会会议、市场三季度例会上的讲话》

延伸阅读

在泡沫化严重的年代，任正非迎难而上，通过艰苦奋斗带领华为冲破一个又一个难关。

1991 年 12 月，华为通过了新型用户程控交换机全部的基本功能测试，高温及链路老化测试整机性能稳定，电话打出接入畅通、音质良好。公司正式宣布出厂 8 台，产值 100 万元。首批 BH–03（24/224）3 台于 1991 年 12 月 2 日包装发货出厂。1991 年 12 月 31 日晚，公司在蚝业村工业大楼三楼开了一个庆功会。全部员工聚集“乡下”，隆重庆祝第一个有华为知识产权和品牌的产品出厂。简单的自助餐，加上啤酒，开了一个简单而又热烈的庆功会。然而事后才知道，公司在 1991 年收到的订货预付款已经全部用完了，公司账上已没有什么资金了，如果没有发出这批货，公司就要破产了。1991 年这一次破釜沉舟、背水一战的胜利，成为华为崛起之路上关键的一步。1992 年，华为的产品大批出厂，进入市场，首次产值突破 1 亿 2 千万元，利润上千万，华为活下来了！这为华为在 1993 年研制生产出 C & C08 数字程控交换机，为进一步的发展积累了经验、奠定了基础。

1999 年，华为进入山东省菏泽地区，举目四望，已是朗讯和西门子的天下，自己连电信局的门都进不去。前两个月，华为打着解决老产品（如华为电源）问题的旗号，设法和客户接触，绝口不提销售，有机会就讲华为的企业文化和过往的华为人与事。到第三个月，电信局高层终于答应到深圳参观华为，此时华为仍绝口不提销售。第四个月开始，华为分批将电信局从中层到基层所有相关人员 50 多人请到深圳参观。半年后，菏泽新一轮整网招标，华为胜出。

Business Develop

1916 年丰田应日本贸易市场化的要求，必须与美国等外国汽车短兵相接。

面对此竞争逆境，所有的日本工厂被要求减价 20%。当时松下通信工业供应丰田汽车的收音机，因此也接到降价的要求。于是，松下问其管理人员："现在每台赚多少呢？"其管理人员回答说："大概只赚 3%。""太少了，3% 本身就是个问题，现在要降价 20%，这岂不太糟糕了吗？"经过再三研究，仍然毫无有效对策。于是大家主张以办不到为由，再跟丰田讨价还价。然而，松下却从根本上做策略性的思考：为什么丰田要这么要求？如果不配合，会有怎样的不良后果？

既然以目前的情形降价 20% 根本不可能，那么只有另辟蹊径，做根本的改变。经再三研究，松下做出了以下决定：性能和外观绝不可改变，在这个原则下，全面变更设计，希望在降价 20% 之后依然有合理的利润。这样做，可能会有暂时的损失，然而这并非仅为了丰田，也是为了维持与发展日本工业，大家都要尽力而为。松下公司不但依丰田要求而降价，又借着这次的升级压力，促进其产品的革命与根本的改良，获得更大的合理利润。

世上之事能否成功，全在你做或不做。想做，再多的困难也能克服；不想做，再简单的事也无法完成。松下公司面对困难迎难而上，积极主动地解决问题，最终取得了成功。

日本著名的企业家——山多利创办人鸟井信治郎"做做看"的经营理念很有创意。他的口头禅就是："做做看，不做怎么会知道？"同时我们要以不怕失败的挑战精神，面对权威与各种逆境，终会创造奇迹。

冒险精神是企业家精神中极为重要的一种，能否成功地运用冒险精神进行企业战略决策在很大程度上区分出了企业未来发展的层次。有了冒险精神，才能不自我满足、沾沾自喜、故步自封；有了冒险精神，也就有了克服随之而来的各种问题的勇气，也就有了前进的力量。可见企业在发展过程中，需要一定程度的冒险精神。

没有人
是一贯正确的

只有相互之间的理解与宽容，才会使我们的政策越来越合理。

一入俄罗斯，才知道卢布的贬值，花了两万卢布租了两辆手推车，将行李推到大门口，出租车进城一般40万～50万卢布。在七八年前还是0.8卢布换1美元，现在是5000卢布换一美元。经济转轨给人民带来的困难真是难以想象。使馆来车接我们，虞处长在车上给我们介绍，俄罗斯人民在这么高的通货膨胀的痛苦中，给了政府很好的理解与支持，仍然彬彬有礼、秩序井然。许多科学家、艺术家、高级知识分子，都一下子变成了穷人，但是他们仍然很乐观。如果我国因为改革失败，我们能否对自己的政府充分地理解，给他们一个纠错的时间？谁也不能保证每一件事的决策都会是成功的。只有相互之间的理解与宽容，才会使我们的政策越来越合理。

有人说华为公司从一个小公司发展到今天的规模，是糊里糊涂、懵懵懂懂地就走过来了，我接受这种说法。这种说法至少减轻了我们高层领导的压力，不要把我们压得太厉害了，我们也不是先知先觉的，我们也犯过许多错误，包括泡沫化。但是事实上，我们走过了这10年道路，每一次我们看见、预见的困难，和我们解决的措施都刚好和时代的发展同步了、同拍了，所以我们取得了成功，才会发展到今天。

研发要广开言路，要从高层着手。错误不算什么，谁能不犯错误，没有人是一贯正确的，有错误的人经过改正以后还是可以提起来的，不要把人看成完人。目标才是重要的，大家不要有那么多自尊心，不要太看重面子。在华为犯错最多的是我，我也是在错误中站起来的。我没有头脑发热过，没有决策失误过？天知道。不过大家是为维护领导人的威信，给点面子罢了，我自己心知肚明。

——摘自《北国之春》

延伸阅读

在入世和国内日益高涨的反垄断的双重压力下，中国在20世纪90年代后期加快了电信改革的步伐。经过一系列调整，中国电信市场上形成了中国移动、中国联通、中国电信、中国吉通（以国际互联网的接入服务为主）、中国网通（以数据宽带网络业务为主）、中国卫星（以卫星通信业务为主）和中国铁通共同角逐的格局。电信市场的分拆带来了不稳定因素，各省的电信网络建设都停滞了下来，"组织调整""企业内部建设""分拆业务"成为各电信部门的关键词。因此在1999年，华为自创业以来首次年增长率没有超过50%，任正非感觉到了"寒意"。正如任正非所提醒的，从全球来看，2000年纳斯达克指数一年下跌56%，第一次互联网泡沫破碎。思科、爱立信、摩托罗拉等电信设备巨头，纷纷告别了持续增长的状态。而包括朗讯和北电在内的巨头，都陷入亏损泥沼。在那年冬天，朗讯裁了将近一半以上的员工，北电裁了三分之二的员工。

以2000年4月纳斯达克股灾为导火索的全球电信产业的下滑波及了中国市场，在这一年，华为第一次增长停滞。与此同时，由于策略失准而错失小灵通和CDMA这两块“冬天”里最大的“奶酪”，则是华为没有延续增长神话的主要内部原因。

Business Develop

任何人都不可能是全才，领导干部也不可能什么都懂、什么都会，但如果没有自己的专攻、特长，仅仅靠什么都是略知皮毛的“样样通”“万金油”，是难以站住脚的。生命之舟只有载满知识，才不会左右摇晃、翻沉搁浅。而学识也有阶段性、时效性，需要及时补充、更新，因此，要强化终身学习意识，既要知识化，又要专业化，做学习型干部。对所从事的工作钻进去，研究透;对所管理的领域，力争干得比一般人出色，做个“行家里手”，自然会“服众”。

爱华公司的董事长兼总经理小林村子是位杰出的电器方面的专家，公司在他的领导下日益发展成为日本首屈一指的国际大公司。有一次，在召开董事会时，小林村子进行自我检讨，他说：“所有处于高层领导的人，不论性别、年龄，都有一个致命的错误，那就是在错误面前不敢站出来勇敢面对，而是遮遮掩掩，生怕所犯的错误给他的身份抹黑。其实谁不曾犯过错误呢？重要的不是已犯下的错误，而是对错误的正确面对，以及深刻的反思，以获得更多的经验教训，避免以后再出现类似的错误。勇敢地面对错误、承认错误并及时加以改正，这才是作为一个领导人稳重、成熟、坚强、公平的表现。”

小林村子的这段话，充分说明作为一名高层领导，应该时刻进行自我反省，及时发现自己的过错并毫不掩饰地勇敢承认，并设法努力改正。领导者，应该坚持绩效精神，敢于面向结果，这是卓有成效的管理者的基本素质。领导者，应该时刻提醒自己，明确自己的责任，并为自己的过失承担责任。责任代表着一个人的品质和态度，领导者敢于承认自己的过失，既是对自身的反省，也是对员工提高责任意识的暗示。

成为成功领导者的关键在于替下属承担相应的责任，这是领导者之所以能成为领导者的重要前提。作为领导者，你当然要授权你的下属去做那些具体的事情，怎样去做是完全由他们自己决定的，但最后负责的只能是你，不管你的下属工作得好还是坏，这全由你承担，这就是作为一个领导者的义务和责任。领导者既然负全部的责任，领导者犯错就应该及时解决和纠正，勇敢承认错误，有错能及时改正，这才是明智之举。

居安思危
从来不是危言耸听

裁员和减薪能解决的，都还不叫危机。

公司所有员工是否考虑过，如果有一天，公司销售额下滑、利润下滑甚至会破产，我们怎么办？我们公司的太平时间太长了，在和平时期升的官太多了，这也许就是我们的灾难。泰坦尼克号也是在一片欢呼声中沉没的，而且我相信，这一天一定会到来。面对这样的未来，我们怎样来处理，我们是不是思考过？我们好多员工盲目自豪，盲目乐观，如果想过的人太少，也许危机就快来临了。居安思危，不是危言耸听。

十年来我天天思考的都是失败，对成功视而不见，也没有什么荣誉感、自豪感，而有一种危机感。企业才存活了十年，我们大家要一起来想，怎样才能活下去，怎样才能生存得久一些。失败这一天一定会到来，大家要准备迎接，这是我从不动摇的看法，这是历史规律。

我到德国考察时，看到第二次世界大战后德国恢复得这么快，当时很感动。他们当时的工人团结起来，提出要降工资，不增工资，从而加快经济建设，所以战后德国经济增长很快。如果华为公司真的危机到来了，是不是员工工资减一半，大家靠一点白菜、南瓜过日子，就能行？或者我们就裁掉一半人是否就能救公司？如果这样就行的话，危险就不算危险了。因为，危险一过去，我们可以逐步将工资补回来；或者销售增长，将被迫裁掉的人请回来，这算不了什么危机。如果两者同时都进行，都不能挽救公司怎么办，想过没有？

目前情况下，我认为我们公司从上到下，还没有真正认识到危机，那么当危机来临的时刻，我们可能是措手不及的。我们是不是已经麻木，是不是头脑里已经没有危机这根弦了，是不是已经没有自我批判能力或者已经很少了。那么，如果四面出现危机时，那我们可能是真没有办法了。那我们只能说“你们别罢工了,我们本来就准备不上班了，快关了机器，还能省点电”。如果我们现在不能研究出现危机时的应对方法和措施，我们就不可能持续生存下去。

——摘自《华为的冬天》

延伸阅读

任正非告诉大家，在松下电器，不论是在办公室，还是会议室，或是在通道的墙上，随处都能看到一幅张贴画，画上是一条即将撞上冰山的巨轮，下面写着：“能挽救这条船的，唯有你。”其危机意识可见一斑。任正非也始终在思考，在华为公司，我们的冬天意识是否那么强烈？是否传递到基层？是否人人行动起来了？

一直以来，危机意识已深入任正非的骨髓，成为其做事的首要原则。即使在华为高歌猛进、销售额直线上升的时候，任正非考虑更多的还是危机、危机……

上述讲话的背景是，华为的销售额已经飙升到 220 亿元（合同销售额超过 26.5 亿美元，其中海外销售额超过 1 亿美元），员工人数达到 16000 人，在中国电子百强企业中位居第 10，且利润高居榜首。

然而，任正非看到的是华为一派繁荣背后的危机。在华为形势一片大好的时候，任正非清醒地看到，华为的管理成本居高不下，管理效益下滑，很多产品还存在瑕疵，售后服务尚有很多地方不尽如人意；华为已经开始沾染大企业病，一些干部的官僚习气正在加重，创业时期的艰苦奋斗精神正在被淡忘……

无论是华为内部自省还是与国外大企业相比，华为都还有很多功课要做。任正非反复强调华为的危机，他希望华为人永远都不要大意，永远保持旺盛的战斗力。

Business Develop

美国百事可乐公司是国际著名的大企业，在公司事业如日中天的时候，总经理韦瑟鲁普却开始担心汽水市场会走下坡路，同业之间的竞争也会变得更加激烈。如何来激发员工的工作积极性，使百事公司的员工们相信，如果他们不拆散这部金钱机器，并重新把它建立起来，百事公司就有可能走向衰亡呢？韦瑟鲁普制造了一场危机。

韦瑟鲁普和销售部经理重新设计了工作方法，重新规定了工作任务，要求年收入增长率必须达到15%，否则企业就会失败，百事可乐公司也将不复存在。这一要求可能有些危言耸听，但也在一定程度上反映了市场竞争的激烈程度及由此可能产生的后果。最终，韦瑟鲁普完成了其在公司这最艰巨的一次行动，即被他称为“末日管理”的战略。

百事可乐公司的“末日管理”法，充分调动了员工工作的积极性，使公司的现有设备等得到了最大限度的利用，减少了资金的占用，使得资产的循环周转顺畅起来；一些日常管理的节奏也快速起来，公司的经济效益不断获得提高，事业也蒸蒸日上了。

末日管理就是使企业从决策层到生产第一线都在强烈的危机感下运行。简而言之，就是让人有末日来临之感。这着眼于未来的忧患意识，在当今市场条件下尤为可贵。我们从众多的企业盛极而衰的现象中可以看出，企业最好的时候，可能就是走下坡路的开始；产品最畅销的时候，往往也是滞销的开端。许多企业在顺境中，神气十足，盲目乐观，被眼前的胜利冲昏了头脑。所以不去开发新产品，不去开拓市场，依赖自己的那点优势坐吃山空。久而久之，优势没了，市场也随之消失，企业的末日真的来临，惨遭失败，跌进低谷。

明天总会到来，又总会与今天不同，如果不着眼于未来，最强有力的公司也会遇到麻烦。管理者有责任以长远的眼光关注企业的发展，把危机扼杀在摇篮里。

超越
才有前途

要活下去，就只有超越，超越的必要条件，是及时去除一切错误。

自我批判不是今天才有，几千年前的曾子“吾日三省吾身”；孟子“天将降大任于是人也，必先苦其心志，劳其筋骨，饿其体肤，空乏其身，行拂乱其所为，所以动心忍性，曾益其所不能”；去粗取精、去伪存真、由表及里、由此及彼，都是自我批判的典范。

华为还是一个年轻的公司，尽管充满了活力和激情，但也充塞着幼稚和自傲，我们的管理还不规范。只有不断地自我批判，才能使我们尽快成熟起来。我们不是为批判而批判，不是为全面否定而批判，批判的目的是优化自己的行为和工作方法，总的目标是要导向公司整体核心竞争力的提升。

我们处在IT业变化极快的时代，这个世界上唯一不变的就是变化。我们稍有迟疑，就会失之千里。故步自封，拒绝批评，忸忸怩怩，就不只千里了。我们是为面子而走向失败、走向死亡，还是丢掉面子、丢掉错误，迎头赶上呢？要活下去，就只有超越，要超越，首先必须超越自我，而超越的必要条件，是及时去除一切错误。去除一切错误，首先就要敢于自我批判。古人云“三人行必有我师”，这三人中，其中有一人是竞争对手，还有一人是敢于批评我们设备问题的客户，另一人就是敢于直言的下属、真诚批评的同事、严格要求的领导。只要真正地做到礼贤下士，没有什么改正不了的错误。

中国人一向散漫、自由、富于幻想、不安分、喜欢浅尝辄止的创新。不愿从事枯燥无味、日复一日重复的工作，不愿接受流程和规章的约束，难以真正职业化地对待流程与质量。没有自我批判，克服自身的不良习气，我们怎么能把产品做到与国际水平一样高，甚至超过同行?

同时，我们也要告诫员工，过度地自我批判，以致破坏成熟、稳定的运作秩序，也是不可取的。自我批判的不断性与阶段性要与周边的运作环境相适应。我们坚决反对形而上学、机械教条的唯心主义。在管理进步中，一定要实事求是，不要形左实右。

——摘自《为什么要自我批判》

延伸阅读

任正非曾被问到一个问题:“您对华为人最大的期望和要求是什么？”他说:“华为人要有自我批判精神。”他希望华为人“每日三省吾身”，要意识到自己的不足，并不断地加以改进，不断地优化。而作为华为的中高级管理干部，更应该具有自我批判的精神。他说，员工没有达到工作要求，管理者也有责任；员工犯了错误，管理者也应该受到批评。他还强调，自我批判不光是个人进行自我批判，组织也要进行自我批判。通过自我批判，各级骨干要努力塑造自己，逐步走向职业化，走向国际化。

任正非认为，自我批判要从高级干部开始。高级干部之间的自我批判和所谓的“高层内部斗争”并不是一个概念，大家的批评仅限于工作，争论、批评完，大家又握着手工作去了。任正非要求，华为中高级干部要在自我批判方面做出表率。

TCL 总裁李东生是一个善于自我反省的人。TCL 曾在推行国际化进程中遭遇挫折，对此，李东生在公司内部论坛上发表了系列文章。文章通过《鹰之重生》这一故事不仅分析了 TCL 遭受挫折的原因及存在的情况，还深入探讨了在当前情况下通过什么样的方式实现“涅槃重生”。

更为可贵的是，在系列文章中，李东生进行了深刻的自我反思，比如，为什么以变革创新见长的 TCL 开始裹足不前？为什么我们引以为豪的企业家精神和变革勇气却没有起到应有的作用？

面对这些问题，李东生明确指出自己应该承担主要的责任：没能在推进企业文化变革创新方面做出最正确的判断和决策；没有勇气去完全揭开内部存在的问题，特别是这些问题与创业的高管和一些关键岗位主管、小团体的利益相关联的时候，他没有勇气去捅破它；在明知道一些管理者能力、人品或价值观不能胜任他所承担的责任的时候，他没有果断进行调整。他还针对公司出现的一系列问题总结自己的管理失误，进行反思。

李东生的深刻反思使他认识到当时企业存在的重大问题，通过在企业组织内部进行充分讨论，李东生找到了解决这些问题的方法，为 TCL 的下一步发展指明了方向，使 TCL 像鹰一样重生。由此可见，无论是对企业组织，还是对管理者个人，内省都是实现提升的重要途径。

自省是自我素质、自身能力得到提高的前提，只有坚持自我批判，不断发现自身的不足之处，才能不断完善自己，从而获得更大的发展。

第二章
做一个合格的华为人

企业发展最重要的就是人，华为公司给员工提供了更多的机会，提高合作能力与技术、业务水平，发挥管理与领导才干，显现精英本质。

华为荣耀之——精英员工

从没
得到过授勋也是英雄

英雄也要赶上时代的步伐，要不断地超越自我。

什么是英雄，人们常常把文艺作品、影视作品中的人物作为参照物。因此，在生活中没有找到英雄，自己也没有找到榜样。英雄其实很普通，强渡过大渡河的英雄到达陕北后还在喂马，因此，解放初期，曾有团级马夫的称谓。什么是华为的英雄？是谁推动了华为的前进？不是一两个企业家创造了历史，而是70%以上的优秀员工推动了华为的前进，他们就是真正的英雄。如果我们用完美的标准去寻找英雄，是唯心主义。英雄就在我们的身边，天天和我们相处，他们身上就有值得我们学习的地方。我们每一个人的身上都有英雄的基因，当我们任劳任怨、尽心尽责地完成本职工作时，我们就是英雄。当我们思想上艰苦奋斗，不断地否定过去；当我们不怕困难，愈挫愈勇，您就是您心中真正的英雄。我们要将这些良好的品德坚持下去，改正错误，摒弃旧习，做一个无名英雄。

我代表公司，深深地感谢各条战线上涌现出来的英雄。没有他们的奉献精神就没有我们今天的事业。但是，我们也应当看到，英雄是有一定时间性的，今天的成功不是开启未来成功之门的钥匙。要永葆英雄本色，就要不断地学习、戒骄戒躁、不断超越自我。我们要特别给从前方回来的员工提供更多的培训机会，改进培训的手段，大力发展电化教学，使公司各种好的培训能普及每一名员工。我们任何一个到前方去的技术与管理人员，都至少要抽一小时在办事处讲一课。做不到这一点的，考核中的团结合作，就要打折扣。每一个市场人员，都要利用点滴时间自我培训，每天、每时，与每一个人打交道，都是受着不同方位的培训。我们提倡自觉地学习，特别是在实践中学习。自觉地归纳与总结，就会更快地提升自己。公司的发展，给每个人都创造了均等的机会。英雄要赶上时代的步伐，要不断地超越自我。

历史呼唤英雄，当代中国更迫切地呼唤英雄，华为青年应该成为这样的英雄。谁能说今天的土博士不会是明日的世界英才？我国只有在教育、文化、科技方面领先，才能走出让人欺辱的低谷。有志的中华儿女，应该献身于祖国的事业。

公司的总目标是由数千数万个分目标组成的，任何一个目标的实现都是英雄的成功。我们不要把英雄神秘化、局限化、个体化，无数的英雄及英雄行为就组成了我们这个强大的群体。我们要搞活我们的内部动力机制，核动力、油动力、电动力、煤动力、沼气动力……它需要的英雄是广泛的。由这些英雄带动使每个细胞直到整个机体产生强大的生命力，由这些英雄行为促进的新陈代谢，推动我们的事业向前进。

因此，华为公司不会只有一名英雄，每个项目组也不会只有一人成功。每一次小的改进，小组都开一个庆祝会，使每个人都享受到成功的喜悦。你也可以邀请更多一些人参加，让更多人知道。当你乐滋滋的时候，你就是你心目中最崇拜的英雄。不要因为公司没有发榜,就以为英雄不存在。公司的管理总是跟不上你的进步，不要因为它的滞后而否定了你。即使发榜也只会选择少数代表，也不要以为没有被列入，你就不是英雄。是金子总会发光的，特别是在湍急的河流中。高速发展的华为公司给你提供了更多的机会，在团结合作、群体奋斗的基础上，努力学习别人的优点，改进自己的不足，提高自己的合作能力与技术、业务水平，发挥自己的管理与领导才干，走向英雄之路，做一个从没得到过授勋的伟大英雄。

——摘自《任正非：在公司研究试验系统先进事迹汇报大会上的讲话》

延伸阅读

1988年华为创业之初，任正非手上只有资金两万多元，员工也只有十几个，如果没有第一代人的艰苦奋斗，不计较低微的薪水，华为是无法发展起来的。因此，任正非经常在公开场合表达对那些默默付出的华为人的感激，他也提出“吃水不忘挖井人”的观点。当华为在销售额上创造了一个又一个的辉煌后，员工的薪酬也得到了大幅度的提升，如公司让每个员工持有公司股份，实行年终分红的制度等，都是任正非对于创造了今天的华为的“英雄”的回报。

然而企业不能只靠着元老存活，华为要想走下去，还需要更多的新鲜血液，更多继承了“英雄”血液的年轻人；元老也不能依靠着过去的功勋活下去，元老想要获得更大的发展、做出更大的贡献，还需要不断为自己充电，跟上时代的步伐。

基于这种考虑，任正非提出了“呼唤英雄”的口号，旨在号召每一名华为的员工，不管在什么岗位上都能够以“英雄”的标准来要求自己，以“英雄”的目标鞭策自己，同时希望华为的功臣们能够不断前进，一如既往地推动华为的发展。

Business Develop

在《华为呼唤英雄》一文中任正非提到，每一名员工只要做出了成绩，不管公司有没有颁发勋章，都是自己心中的英雄；每一名员工只要在自己的岗位上做好了自己应该做的事情，就都是企业的无名英雄。

职场中的每一个人都应当从这一观点中得到启发。并不是为企业争取到了千万的订单，或是为企业研发出举世瞩目的产品才能被称为企业的英雄，尽职尽责、每天都比前一天有所进步，这样的员工同样是企业的英雄。

脚踏实地地工作是尽职尽责、是成为英雄的前提。松下幸之助指出："坦率地讲，我并没有那么长远的规划。珍视每一个日日夜夜，做好每一项工作，这是我今天辉煌的秘诀。当年，我并没有要兴建一座大工厂的远大规划。创业初期，一天的营业额仅仅 1 日元，后来又企盼一天的营业额增为 2 日元，达到 2 日元又渴求增至 3 日元，如此而已，我们只不过是热心地努力做好每一天的工作。让青年胸怀大志的确是桩好事，然而，为了达此目的，需要日积月累，要珍视每一天的每一件工作，由此而循序渐进地有所长进，最终才能成就伟大的事业。"

想要做出成绩很难，甚至想要做好本职工作都不是一件容易的事情，这一切只有在脚踏实地的工作中才能得以实现。许多浮躁的人都曾经有过远大的志向，却始终无法实现，最后只剩下牢骚和抱怨。

有的人刚步入职场，就梦想明天当上总经理；刚创业，就期待自己能像巴菲特一样富有。要他们从基层做起，他们会觉得很丢面子，甚至认为是大材小用。尽管他们有远大的理想，但缺乏专业的知识和丰富的经验，缺乏脚踏实地的工作态度，注定也将一事无成。

因为当今社会的浮躁和急功近利，有不少人每天都在想办法寻求成功的捷径，一行动起来，就尽可能地钻空子、占便宜，而不愿踏踏实实地按照正当的程序去做，到头来丧失了更多的自我发展的可能。于是有不少人发出这样的感叹：现今的社会太浮躁，能够务实发展的人实在太少了。事实上，务实是敬业员工必备的素质，也是实现梦想、成就一番事业的关键因素，自以为是、自高自大是务实的最大敌人。没有务实，何谈敬业？员工要克服浮躁心态，进入"务实工作状态"，并在这个过程中实现企业和员工的共同成长。

希望职场中的每一名员工都能记住，想要成为英雄，首先要尽职尽责地做好自己应该做的事，踏踏实实、切记浮躁。珍视每一天，认真做好现在的工作，做一名优秀的士兵，才能逐渐积累自己的经验，提高自己的能力，增长自己的学识，从而获得更好的发展，获得你想得到的荣誉。

落后者等待机会，优秀者创造机会

知识经济时代的核心就是创造财富的方式发生了根本的改变。

我们这个时代是知识经济时代，它的核心就是人类创造财富的方式和致富的方式发生了根本的改变。随着时代的进步，特别是由于信息网络给人带来的观念上的变化，使人的创造力得到极大的解放，在这种情况下，创造财富的方式主要是由知识、由管理产生的，也就是说人的因素是第一位的。

机会、人才、技术和产品是公司成长的主要牵引力，这四种力量之间存在着相互作用。机会牵引人才，人才牵引技术，技术牵引产品，产品牵引更多更大的机会。员工在企业成长圈中处于重要的主动位置。

落后者的名言是抓住机会，而发达国家是创造机会，引导消费。机会是由人实现的，人实现机会必须有个工具，那就是技术。技术创造出产品就打开了市场，这又重新创造了机会，这是一个螺旋上升的循环。这四个因素中，最重要的还是人。国家和国家的竞争，实质是大企业之间的竞争。经济的竞争体现的是技术的竞争，技术优势的产生是由教育基础构成的。中国“地大物薄”，只有靠科教兴国，从人的头脑中挖掘资源。农村的养猪能手、种田能手很可能是爱因斯坦坯子，只是没有受到系统的教育。要重视对人的研究，让他在集体奋斗的大环境中，去充分释放潜能，更有力、有序地推动公司前进。

——摘自《任正非：向中国电信调研团的汇报》

延伸阅读

华为创建初期，任正非是狼性思维的忠实贯彻者，这一点在他对于机遇的态度上体现得尤其明显。狼知道，要想获得食物，必须要经过艰苦的狩猎，因为猎物不会自己主动跑到身边来。例如，几只狼在搜寻目标时，遇到一群麝牛。面对这样的猎物，狼会先将牛群赶向山坡一侧的高地，形成包围圈后，再把牛群一冲而散，破坏它们的凝聚力。众牛四处奔逃，很多弱小的个体就会倒在锋利的狼牙之下。对于机会，狼从来都是主动寻找，大胆创造。

华为在创业起步阶段，毫无名气，在与大企业的竞争中一直处于不利的境地，很多时候客户听到陌生的"华为"的名字会直接掉头走人。然而在这样的情况下，任正非带着他的队伍，以顽强的毅力和出色的战略视角，不断提高自身各方面的能力，为自己的产品研发、争取客户群、学习先进管理模式等创造机会，一点点地打开市场、推进科研、完善管理。在取得如今的成就的今天，任正非和他的华为团队可以自豪地说，华为走到今天的每一个机遇，都是华为人努力创造出来的，而不是凭运气得来的。

Business Develop

机会不是等来的，优秀的人才懂得为自己创造机会。

彼克出生于波兰，自小在贫民窟长大，生活极为穷困。他只读过六年书就辍学了，很小就开始做杂工，当报童。这样一个穷孩子似乎没有任何成功的，望，机遇与幸运对他来说实在太遥远。然而，13岁那年，他偶然间读到《全美名人传记大成》，随后突发奇想要和那些名人取得联系。他采取最简单的方法：写信。在每一封信中，他都提出一两个能激起收信人兴趣的问题。他的方法非常有效，很多名人都回信给他。

此外，只要他知道有名人来自己所在的城市参加活动，他无论如何都要进入那个场合，与所仰慕的名人见上一面。见到名人时，他通常只简短地说几句话，便礼貌地离开，不多打扰。就这样，他认识了各个领域的很多名人，其中还包括后来当了美国总统的加菲尔德将军。后来，彼克创办了《家庭妇女》杂志。凭借多年与名人的交往，他邀请他们为杂志撰稿，被他邀请的名人也很乐意执笔，杂志因此非常畅销，发行量很大。彼克自己也因此脱离了贫困的生活，并在出版界声名大噪。

彼克是个善于为自己创造机会的人，他用最简单的方式与人交往，并且保持良好的互动，累积彼此的信任，于是才能在适当的时机主动创造并把握成功的机会，成就了人人称羡的事业。

能够创造机会的优秀人才通常具备这样几种素质：

首先，具有端正、积极的态度。一个对自己负责的人才会有主动创造机会的意识和信念，一个积极的人才能不畏失败、不指望轻易成功，任何时候都不失去“采取行动”的精神。

其次，想要为自己创造出机会，要具备十分的自知之明。他们了解自己的价值观和专业技能，了解自己的强项和和弱点所在。这样才能找出适合自己干的事情，而不是勉强自己去适应工作。

再次，做一行就要精一行，对于知识和技能的掌握不可忽视。要成为专家，要具备主动思考的能力和丰富的创造力，才能够走在别人的前面，创造出别人想不到、做不到的机会。

最后，能力再出众的人，也有被淹没才华的可能，能够为自己创造出机会的人，一定是善于推销自己的人。要将自己的能力和特长充分地展现在他人面前，才能为自己创造更多的机遇。

以上并非优秀人才所具备的全部素质，却是不可缺少的素质。等待机遇垂青的人数不胜数，但真正从这一大军中争取到机会的有几个？别以为争取机会就是主动的极致，真正善于发挥主观能动性的人懂得如何通过自身能力的不断提高为自己创造机会。创造机会并非可望而不可即之事，点滴积累、做个有心人，你也可以为自己创造出机会，取得更高的成就。

尊重员工
但绝不迁就人才

公司的员工培训种类，多得我都不清楚了。

我们坚持人力资本的增值大于财务资本的增值。我们尊重知识、尊重人才，但不迁就人才。不管你有多大功劳，绝不会迁就。我们构筑的这种企业文化，推动着员工的思想教育。

华为公司十分重视对员工的培训工作，每年为此的付出是巨大的。原因一是中国还未建立起发育良好的外部劳动力市场，不能完全依赖在市场上解决。二是中国的教育还未实现素质教育，毕业的学生上手的能力还很弱，需要培训。三是信息技术更替周期太快，老员工要不断地充电。公司有多少种员工培训中心，我也不清楚。总之员工之间的相互培训，已逐渐形成制度。

我们尊重有功劳的员工，给他们更多一些培训的机会，但岗位的设置一定要依据能力与责任心来选拔。进入公司以后，学历、资历自动消失，一切根据实际能力、承担的责任来考核识别干部。

——摘自《华为的红旗到底能打多久》

延伸阅读

华为除了科研、客户服务等方面的投入之外，对人才的培养与管理方面的投入也是巨大的。华为每年都要从高校招入一大批毕业生，仅1997年华为招入的应届毕业生就有7000人。这些刚毕业的学生有潜力，但缺乏相应的经验，要达到华为的要求，需要一大笔培训开支，且华为员工受训的时间越来越长，也增加了资金的投入。员工正式上岗后，华为还为员工提供了具有竞争力的工资待遇。这样的高投入可能短期内无法产生效益，但从长远来看是值得的。

任正非在经营企业的过程中对人才和技术的渴求是极其强烈的。任正非坚持认为，尽管可能会暂时增加生产成本，但华为聚集优秀人才、提高人才比重的政策是正确的。而这一点，也为许多大学教授所推崇赞赏。有那么几年，对于几所大学相应专业的大学毕业生，华为几乎是一锅端。这无形中提高了知识的价值，提高了专业的价值，也提高了大学教授的待遇，因而许多教授对任正非心怀感激。

所谓人力资本增值大于财务资本增值，一定意义上，可以解释为对人力资本的投入比例，要超过在公司赢利等方面的投入。在人力资源方面，华为的投入可谓大手笔。

2004年元旦前，广州大学敲定在大学选修课程中设置关于华为产品的相关课程，由华为免费提供价值200万～300万元的产品设备，学生通过选修相应的课程，可以更加直接地了解到华为的通信产品。作为回报条件，毕业时，华为的合作公司可以从中挑选相应的合格者，这是华为培养后备军的一个途径。这样的培训，每个人的成本接近1万元，而这样规模的培训华为每年都要进行成千上万项。据不完全统计，华为每年在员工培训上的支出就有上亿元。

华为公司员工的培训体系包括新员工培训系统、管理培训系统、技术培训系统、营销培训系统、专业培训系统、生产培训系统。华为培训融一流的教师队伍、一流的技术、一流的教学设备和环境为一体，拥有专、兼职培训教师千余名。建在深圳总部的培训中心占地面积13万平方米，拥有含阶梯教室、多媒体教室在内的各类教室110余间，能同时进行2000人的培训。教室的装备和设计满足教师授课、基于技能的培训（Technologies Based Training）、辅助教学等多种教学手段的需要。培训中心还拥有三星级学员宿舍、餐厅、健身房等生活、娱乐、体育设施，为培训学员提供舒适的学习、生活条件。

华为员工的主要培训方式为：课堂教学、案例教学、上机操作、工程维护实习和网络教学等多种教学形式；广泛采用多媒体CD培训、视频培训、音频培训等教学手段，并逐步发展基于互联网和电视网络的远程教学，使学员无论何时何地均可受到华为系统化、个性化的培训。

Business Develop

在松下电器公司的一期人事干部研讨会上，松下讲话并直接发问："你在拜访客户时,如果对方问你,松下电器是制造什么产品的公司,你们如何回答？"业务部的人事科长恭恭敬敬地回答："我会这样说：'松下电器是制造电器产品的公司。'"

"错！像你这样回答是不负责任的！你们整天都在想什么？"松下的训斥声响彻整个会场。参会者都莫名其妙,遭训斥的人事科长更是不明白哪里错了。

松下脸色十分难看，拍着桌子怒火冲天地说："你们这些人都在人事部门任职，难道不懂得培育人才是你们人事干部最主要的职责吗？如果有人问松下电器是制造什么的,你们就要回答松下电器是培育人才的公司,兼做电器产品！经营的基础是人，对于这一点，我不知说过多少遍。在企业经营上，资金、生产、技术、销售等固然重要，但人是经营的主宰，归根结底人是最重要的。如果不从培育人才开始，那松下电器还有希望吗？"

其实，早在创业初期，松下就已经认识到：拥有优秀的人才，事业就能繁荣，反之就会衰败。松下公司重视知识型人才、科研和智力开发。当有人问，松下公司最大的实力是什么？松下幸之助回答："是经营力，即经营者的能力。"他指出："掌握了经营关键的人是企业的无价之宝。"所以，松下先生强调在出产品前出人才，在制造产品前先培养人才。为了达到"造人先于造物"的目的，松下开办了在职训练指南，又称之为OJT指南，指的是员工在日常工作中的培训教育。为适应公司全体员工培训工作的全面展开，松下电器在职训练策划人宫木勇编写了《松下电器的在职训练》一书，洋洋洒洒写了10余万字。松下的心血没有白费，他"造人先于造物"的方针让他成为日本经营之神，让松下电器誉满全球。

实际上，在现代企业管理中，无论是对员工进行专业技能培训，还是对管理层进行拔高训练，都是为了打造整个团队的坚实地基。所以，培训的目的归根结底还是要落在组成地基的一砖一瓦上，即落实到团队中的每一个成员身上，因此，团队成员的勤奋学习、善于思考、创新思维等才是企业最终追求的结果。个人赚钱靠脑袋，企业发展靠思路，只有将企业中大家的智慧集中在一起，才能形成一个完善的发展战略，从而引导企业走向辉煌。据中国工商联合会统计，15年前的企业现在剩下的还不到3%。李嘉诚说："昨天成功的经验，会成为今天失败的理由。"因此，为了提高企业的整体竞争力，就要锻造出一支具有超强竞争力的团队。而这种团队的形成势必要依靠知识的浇灌和经验的积累，因此，学习就成为成长的必要前提，不断激发着团队及团队成员迅速成长。如今，社会发展一日千里，新技术、新理念、新方法、新模式层出不穷，只有不断学习、不断进步，才能跟上社会发展的进程，不至于被社会所淘汰，才能引领整个企业不断向更高、更好、更强的目标迈进。

业精于勤，
行成于思

唯有实践后善于用理论去归纳总结，才会有飞跃的提高。

对新来员工，因为没有记录，晋升较慢，为此十分歉意。如果您是一个开放系统，善于吸取别人的经验，善于与人合作，借助别人提供的基础，可能进步就会很快。如果封闭自己，怕工分不好算，就需要较长时间，也许到那时，您的工作成果已没有什么意义了。实践是您水平提高的基础，它充分地检验了您的不足，只有暴露出来，您才会有进步。实践再实践，尤其对青年学生十分重要。唯有实践后善于用理论去归纳总结，才会有飞跃的提高。有一句名言，没有记录的公司，迟早要垮掉的，多么尖锐。一个不善于总结的公司会有什么前途？个人不也是如此吗？

实践改造了人，也造就了一代华为人。您想做专家吗？一律从工人做起，已经在公司深入人心。进入公司一周以后，博士、硕士、学士，以及在内地取得的地位均消失，一切凭实际才干定位，已为公司绝大多数人接受。希望您接受命运的挑战，不屈不挠地前进，不惜碰得头破血流。不经磨难，何以成才。

希望你们丢掉速成的幻想，学习日本人的踏踏实实、德国人的一丝不苟的敬业精神。真正生活中能把某一项技术精通是十分难的，您想提高效益、待遇，只有把精力集中在一个有限的工作面上，不然就很难熟能生巧。您什么都想会、什么都想做，就意味着什么都不精通，任何一件事对您都是做初工。努力钻进去，兴趣自然在。我们要造就一批业精于勤，行成于思，有真正动手能力、管理能力的干部。机遇偏多于踏踏实实工作者。

——摘自《致新员工书》

延伸阅读

一个国家要想立足于世界之林，就必须了解世界，向他国学习，取长补短。历史证明，夜郎自大、闭关自守的国家只会裹足不前，离现代化越来越远。同样，一个企业，要想走向国际化，就应该有国际化的眼光，就必须充分向其他先进国家学习。一开始就立志走向世界的华为公司，打破了“不是东风压倒西风，就是西风压倒东风”的阶级对立观念，学习先进技术，不问主义与立场。为此，任正非经常参观考察美国、日本等先进国家的著名公司，如IBM等。在他看来，华为要学习日本人民勤劳的精神，德国人民的敬业精神，美国人民的创新精神。

正是基于这样的考虑，华为要求对员工进行严格的培训，提高员工的素质和专业水平。员工只有经过了严格的培训，才能冷静、果断地处理突发事件。

企业必须与社会、社区的大环境长久共存，当这个环境中的所有成员，包括顾客、企业老板和雇员，都在追求高质量、追求改进、卓越的时候，任何企业都不会被孤立在外。任正非曾经拿华为和西门子等国际大公司做比较，他说，华为有优秀的营运商，比西门子的营运商还多，但是为何华为的销售额仍远远比不上西门子呢？原因就是西门子的产品具有很好的继承性。很多运营商，尤其是固网的运营商始终面临着来自资本市场的压力，必须降低资本开支。对运营商来说，产品的购买成本包括资本支出和运营支出两部分，资本支出含硬件、软件和服务，主要指一次性的费用，运营支出则主要是指后期运作费用。华为不能只是着眼于控制和降低硬件产品的价格，同时也需要降低整体解决方案的价格，包括软件、服务以及其他的相关支出。因此，华为要在国际上树立自己的品牌，就必须拥有可继承性、可扩充性的产品，也就是说，所有产品都要严格按照一定的规范开发，运营商购买后只需要进行升级就可以了，不用将整套设备全部替换。

实践论是马克思主义唯物史观的一大创新，马克思主义认为，只有社会实践，才是人们对于外界认识的真理性的标准。1978 年，邓小平进一步肯定“实践是检验真理的唯一标准”的观点，丰富了马克思主义实践论。

华为是这个理论的坚决执行者。任正非曾说过，华为不是以学历、资历定待遇和报酬的，而是以能力和贡献来定待遇和报酬。而能力和贡献又是通过实践来检验的，华为希望每个人都要有实干精神。

杨玉岗后来在《板凳要坐十年冷》一文中写道：“在 1997 年的毕业典礼上，清华的王大中校长告诫各位学子：‘虽然你们取得了博士学位，但是你们今后学习的道路还很长，学习、学习、再学习，应该伴随你们的一生，这样，你们才能不断进步。’带着校长的嘱托，牢记清华‘自强不息，厚德载物’的校训，我在华为——人生第二学堂实践中体会了‘不断学习，不断实践，自我批判，不断改进与完善’的意义。”

杨玉岗的亲身经历证明：从实践中来到实践中去，培养实干精神是华为人成才的必经之路。

Business Develop

未来最有希望的企业是学习型企业，而企业生存发展的关键在于每个人。读书成就员工和企业的未来，深入开展全员读书活动，创建学习型企业、培育知识型员工、帮助员工建立起人生基本知识体系和职业生涯基本专业知识体系，则是加强三基工作的重要途径。

我们应该大力提倡全员学习、终身学习，鼓励职工不断学习业务知识，提高自身素质，把学习当作提升企业价值和职工自身价值的重要途径。

传统意义上的学习是一种以增长知识和获取信息为目的的学习；而学习型组织所倡导的学习则是以解决问题为目的的学习，是通过开放的思维使人们获得一种行动的能力的学习。学习不是单纯地获取知识和信息，而是转化为实践的能力。从这个意义上讲，才可以把这种学习概括为“学习力”。换言之，学习力就是指获取知识和解决问题的能力。把学习与工作结合起来，把“充电”与“放电”结合起来。学习和工作不可分，学习的动力和目的是更好地工作，通过学习可以在工作中发现问题、分析问题、解决问题，工作也是提高学习和检验学习成果的过程。

博学而约取，厚积而薄发。我们都要树立主动学习、超前学习、终身学习的理念，把学习作为一种精神追求、一种生活态度、一种工作责任。企业要大兴学习之风，健全学习制度，制订培训计划，落实学习任务；员工要拓宽知识领域，改善知识结构，全面提高综合素质，争做学习型员工。企业和员工都要努力将学习成果转化为谋划工作的思路、促进工作的措施、开展工作的本领。

企业要求员工要像大海一样把自己放在最低点，来吸纳百川。海尔集团首席执行官张瑞敏说：“我们主张产品零库存，同样主张成功零库存。只有把成功忘掉，才能面对新的挑战。”海尔的年销售额数百亿元，但张瑞敏从未有一丝飘飘然的感觉，相反，他时时处处向员工灌输危机意识，要求大家面对成功始终保持如履薄冰的谨慎。

“低重心战略”
造就人才

要苦练基本功，重视普通员工、普通岗位的培训。

华为要培养优秀的科学家、营销专家、管理家，但我们整个培养工作要实行“低重心”战略。要重视普通员工、普通岗位的培训。要苦练基本功，培养过硬的钳工、电工、厨工、库工……工程师、秘书、计划员、统计员、业务经理……每一个人、每一件工作都有基本功。要把员工“做实”紧紧抓住不放，否则大好形势就浪费了。员工眼高手低的状况要克服，做一个踏踏实实的、在本职工作中有些作为的人。

8年来，华为走过了艰难的奋斗历程，已渐渐成熟，成为一个高科技企业。我们现有员工2000多人，绝大部分受过高等教育，硕士、博士生占60%以上，而且每年都要在国内名牌大学选拔毕业生。虽然我们也存在着不少困难，但是有广大用户的支持，我们信心较大，会有较快的发展。

——摘自《反骄破满，在思想上艰苦奋斗》

延伸阅读

如今，无论是在国外企业，还是在国内企业，新员工在上岗之前，都必须经过培训，企业也越来越重视对员工培训。在华为，无论是新员工，还是老员工，都必须经过严格培训才能上岗。任正非曾经说过，刚刚走出大学的毕业生，会面临着在学校所学的理论知识和在公司所用的实践知识不一致的矛盾，解决这一矛盾的方法，首先是进行培训。华为将持续的人力资源开发作为人才可持续成长的重要条件，永不停息地致力建设一个学习型组织。为此，华为在员工培训方面投入了大量的人力和物力。

我们通常所说的基本功包括基本素质和基本技术两方面。它是发展复杂技术和高难技术的基础，也是技术得以更好应用和发挥的条件。任正非所说的基本功是指员工要有胜任工作岗位的基本能力，它是员工个人发展和获得提升的基础。在任正非看来，新员工上岗之前必须经过培训，而老员工无法适应新的工作形势时也必须重新接受培训。打好基本功是注重实干的学习态度，任正非反对员工不切实际，眼高手低，没有打好基本功，就想着做大事，实现大理想的行为。在华为公司，曾经有一名新员工，一进入公司就给任正非写了一封“万言书”，洋洋洒洒，热情洋溢。但任正非在一次大会上说：“这个人如果病了，他很可能是精神病，应该送去精神病医院；如果他没有病，那么他应该辞职。”任正非反对那些没有做好本职工作就提出远大理想、宏伟计划的行为。

Business Develop

阿姆科公司是一家从事钢铁行业的企业。在钢铁业逐渐成为“夕阳工业”以后，它的日子开始很不好过，尤其在进入 20 世纪 90 年代以后，公司的资金不断流失。在这种情形下吉姆·威尔走马上任，开始进行根本性的改革以挽救公司。他的一项最重要的举措就是“非把每个人都拉来战斗不可”。这不是一句宣传性的战斗口号，而是威尔在整治企业的过程中切身体会到的最紧迫问题。

有一次他把心理学家请进公司，派他们到业绩最好的工厂去，请他们找出工厂里实现成功的真正带头人，弄清成绩应归功于谁。结果令他惊奇的是，心理学家们回来竟说:“工厂里没有带头人。”威尔不信:“什么？在我们最赚钱的、为顾客服务最出色的工厂里竟然没有带头人？”心理学家们说：“对。工厂里有我们前所未见的最佳团队。所有的人都在互相合作，每一个人都把功劳归于别人。没有整个团队什么也干不成。”

培养高端人才的做法并不适用于所有企业，很多情况下最大限度上地动员所有员工的力量，施行“低重心战略”，让岗位上每一个人都能更多地贡献自己的力量才是人才培养的上佳策略。自那以后，威尔对用人有了新的看法，他决定建立一套新的训练制度以鼓励团队行为。“以前我们发现了杰出人才马上把他提拔到公司中心去，使他离开了主流大众，这样做效果并不好。”于是，阿姆科公司设法培养一种新型的领导者，这种领导者不是在那里想方设法最大限度地展示他个人的才能，而是尽可能地发挥团队的力量。他总是把成绩归功于他的部下，他能了解谁最需要帮助，对需要帮助的人说：“我来帮你得到你所需要的帮助。”

在这套新的领导方法实施以后，威尔发现他成功地达到了他的目的——把公司的每一个人都拉来战斗。正如他自己所说的：“从全世界的角度来看，这是一场全面的战斗。每个人都在力图把我们的公司抢走，我们努力把公司赢回来，使之成为一个非常成功的公司。我必须使公司里的每一个人，不分男女老少都同我一起投入这场战斗。”

而正是由于他果断地改变了过去的做法，充分地激发了占企业员工比例大半的中低层员工的能量，他终于成功地把公司的每个人都拉进了与他并肩作战的行列中。而在他发现他做到这一点以后，他又有了另一个令人惊喜的发现——公司亏损的局面得到了遏制。不久公司的账面上开始有了新的赢利，且赢利的数额越来越大。

在集体主义背景下谈个人主义

我永远都不知道谁是优秀员工，就像我不知道在茫茫荒原上到底谁是领头狼一样。

市场部集体大辞职的壮举，开创了华为公司内部岗位流动制度化，使职务重整成为可能。认真负责和管理有效的员工是华为最大的财富。尊重知识、尊重个性、集体奋斗和不迁就有功的员工，是我们的事业可持续成长的内在要求。我们要求员工要认真负责，但认真负责不是财富，还必须管理有效。

华为公司容许个人主义的存在，但必须融于集体主义之中。HAY公司曾问我是如何发现企业的优秀员工的，我说我永远都不知道谁是优秀员工，就像我不知道在茫茫荒原上到底谁是领头狼一样。企业就是要发展一批狼，狼有三大特性：一是敏锐的嗅觉；二是不屈不挠、奋不顾身的进攻精神；三是群体奋斗。企业要扩张，必须有这三要素。所以要构筑一个宽松的环境，让大家去努力奋斗，在新机会点出现时，自然会有一批领袖站出来去争夺市场先机。市场部有一个“狼狈”组织计划，就是强调了组织的进攻性（狼）与管理性（狈）。

——摘自《华为的红旗到底能打多久》

延伸阅读

1995年，随着自主开发的C&C08交换机占据国内市场，华为的年度销售额达到15亿，华为结束了以代理销售为主要赢利模式的创业期，进入了高速发展阶段。而创业时期的一批管理“干部”，许多已经无法跟上企业快速发展的需要，管理水平低下的问题，成为制约公司发展的瓶颈。

任正非解决这一问题的方式是所谓的“集体辞职”。1996年1月，华为市场部所有正职干部，从市场部总裁到各个区域办事处主任，都要提交两份报告，一份是述职报告，一份是辞职报告。在竞聘考核中，包括市场部代总裁毛生江在内的大约30%的干部被替换下来。

此事当时被竞争对手评价为“炒作”，但事实上，在1996年通信市场爆发大战前夕，华为市场体系高达30%的人真的下岗了。公司发展需要变革，但变革难免有阻力，最大的阻力来自现有组织的惯性。任正非的这一举措让华为人明白，“在市场一线捕杀的人，不允许有思想上、技术上的沉淀。必须让最明白的人、最有能力的人来承担最大的责任”。

不过，任正非也深知“恩威并施”的重要。每年华为会从一线撤换下来很多人，这些人可调往海外市场或升迁、转岗、内部创业。其中内部创业就是鼓励员工出去创办企业，华为可免费提供一批产品供员工所创公司销售。据说，免费提供的产品价值 = 员工所持华为内部股 ×1.7。

2000年底，曾被认为是任正非接班人的李一南离开华为，创办了做数据通信产品的北京港湾公司。据透露，华为当时给了他不小的支持，其中之一就是将他持有的华为内部股兑换成相应的华为数据通信产品。北京港湾成立第一年销售额就以数亿元计，而现在，北京港湾已成为华为的竞争对手。

公司发展到一定的规模，必须要建立人才培养机制来解决组织发展中的人才瓶颈。华为在20世纪90年代中期也面临同样的问题，主要是通过建立任职资格体系来解决的。目前，华为的任职资格管理制度已经成为各大企业学习的对象。

人才培养机制的建立已经有了系统的流程，但在实际工作中，尚需要注意几个问题：

1. 需要统一规划和系统设计

任职资格体系的建立是一个复杂的工作，有必要进行统一规划、系统设计。而且，伴随着任职资格体系的建立，相应的激励体系也要建立，甚至有可能涉及组织结构的调整、工作内容的重新分配，而这些，往往是部门层面无法独立完成的。因此，任职资格体系的建立是公司层面的工作，要统一规划。否则，就会造成思想的差异、方法的不同、力量的分散，导致最终的结果是事倍功半。

经常有公司发生存在几套不同任职资格制度的情况。在公司层面建立了一套任职资格管理体系，各部门在执行公司层次的任职资格管理体系的同时，又建立了自己本部门的一套任职资格管理体系，这样就造成了管理的混乱和资源的浪费。例如，公司研发中心的任职资格等级划分为6个级别，6级是最低的级别，而工程分公司则只有4个级别，1级为最低级别。这样划分的后果会造成人员在相互流动时，级别对应出现困难，给管理带来不必要的麻烦。另外对于任职资格的评定组织存在着两套“班子”，公司及部门各自建立了自己的任职资格评定组织，其结果是重复评定、互相冲突。

2. 任职资格标准不是一成不变的

虽然保持任职资格的相对稳定性是前提，但不管哪种类型的人才在任职资格确定以后都不是一成不变的，要根据内外部环境对人才的需求变化而做出相应的调整。企业内部的资格认证体系中心也要确定一个相对稳定的更新任职资格的间隔时段，比如每两年或五年更新一次资格标准。

3. 职位分类分层一定要有相应的指导原则

职位的分层首先要考虑战略对人才的要求，要进行战略规划，明确企业需要哪几方面的人才，需要什么层次的人才。

职位划分在建立任职资格体系的过程中是一个非常重要的工作，将会直接影响到任职资格体系的有效性和适应性。职位划分包括两方面：职位分类和职位分层。职位分类是指对工作性质相同、任职能力相似的不同职位进行识别和归类；职位分层是指根据企业战略对人才的要求以及不同职位类别工作难度、任职能力要求的复杂性来对不同职位类别进行层级划分。职位分类分层必须遵循六大原则：与工作紧密结合原则、适应公司发展要求原则、统一分类原则、区分度明显原则、垂直上升和横向流动双向发展原则以及突出重点领域原则。

任职资格体系如同所有其他的管理制度一样，需要随着时间的推移不断完善。企业发展的不同时期对人才培养有着不同的侧重点，需要企业领导人结合实际情况，具体分析。

板凳
要坐十年冷

在冷板凳上坐的都是一代英豪。

新学员有一篇文章《是太阳就会升起》，他的假设命题非常准确。华为的文化、理念、考评机制使做实的干部有更多的发展机会。不因他工作做得好、没人投诉、办公会议从不研究他管的事情，他就被忽略。也不因在工作中有缺点，就如太阳有黑子一样，被否定。

《华为人》的文章《板凳要坐十年冷》是多么好的阐述。在冷板凳上坐的都是一代英豪。科学是老老实实的学问，要有思想上艰苦奋斗的工作作风，要有坚定不移的精益工作目标，要有跟随社会进步与市场需求的灵活机动的战略战术。做实不是没有目标、没有跟踪、没有创新，但没有做实就什么也没有。君不见周劲、余浩泽、吴昆红、谷丰、张来发、张群……他们的点滴奋斗与持之以恒的努力，踏踏实实地在本职岗位上不断地进取，太阳已经在地平线下升起。

做工作是一种热爱，是一种献身的驱动，是一种机遇和挑战，多么难得，应该珍惜它。认真地做好每一件事，不管是大事，还是小事。目光远大，胸怀开阔，富有责任心，不计较个人的得失。只有全身心地投入、潜心钻研，才会有爱因斯坦、居里夫人、瓦特与贝尔……才会有没有受过系统教育而成为发明大王的爱迪生。人只要热爱它，终会认识它，在严格的、大量的实践中，看出破绽，产生新的突破。没有实践的创造发明越来越难，长期不懈地做实，最终将创造奇迹，这是历史的启示，也是量变到质变的规律。我们必须有所作为，一切有志于献身事业的人，都应义无反顾地勇往直前，不管路旁的是鲜花还是荆棘。

公司永远不会提拔一个没有基层经验的人做高级领导工作。遵循循序渐进的原则，每一个环节对您的人生都有巨大的意义。您要十分认真地去对待现在手中的任何一件工作，积累您的记录；要尊重您的现行领导，尽管您也有能力，甚至更强，否则将来您的部下也不会尊重您；要有系统、有分析地提出您的建议，您是一个有文化者，草率的提议，对您是不负责任，也浪费了别人的时间，特别是新来，不要下车伊始，哇啦哇啦；要深入地分析，找出一个环节的问题，找到解决的办法，踏踏实实地一点一点地去做，不要哗众取宠。

——摘自《致新员工书》

延伸阅读

清华大学博士杨玉岗1998年刚进入华为的时候，领导安排他从事与电磁元件相关的工作。他当时想不通，有一种不被重用、被埋没的感觉，认为自己是堂堂的电力电子专业博士，理所当然应该干项目，而且应该干大项目，结果却让他干电磁元件这种“小事”，既无成就感，又无发展前途，而且只能用到他所学专业知识中很小的一部分，所以他觉得不值得为“电磁元件这种小事”付出时间与精力，不值得去坐这种冷板凳。当时他只是出于服从领导的分配而硬着头皮勉强干上电磁元件这个“不起眼”的行当。但是随着他后来工作的经历和体验不断增多，他越干越发现，电磁元件虽小，里面却有大学问。而且在

2000年的时候，在二次电源产品线和中试部及工艺部领导的支持下，他承担了该项目，经努力实践和探索，已取得了初步成果，并申请了专利。

Business Develop

在成为公司的市场部经理之后，李凡很快就对自己的工作有了一个正确的定位。李凡认为一个优秀的市场部经理必须具备以下四种基本素质：第一，具有营销策划的能力；第二，具有品牌策划的能力；第三，具备产品策划的能力，也就是要具备从一个产品的设计、立意等方面配合产品的营销主题；第四，具有对市场消费态势潜在性的分析能力。

后来，李凡又认真研究了大多数公司对市场部经理的更高要求，他觉得自己应该在目前的能力基础上进一步学习，以提升自己的工作能力。

通过几年的认真学习和实践锻炼，李凡终于如愿以偿地成了公司的市场总监。他为公司的市场营销工作创造了极大的成就，但即使在担任了公司市场总监以后，李凡仍然在不断充实自己。

李凡成长的例子告诉我们，当你选择了一个行业，并且进入一家公司开始你的事业之路时，就应该知道自己要以什么样的高度开始自己的事业，并且需要哪些知识来开拓自己的发展空间。只有先让自己升值，才能够为自己赢得更大的发展空间。

有不少管理学家认为21世纪是学习力竞争的时代。21世纪的文盲，不是不识字没有文化的人，而是没有学习能力没有教养的人。现在人们的智力水平相差无几，但行业竞争日趋白热化，怎样才能在竞争中立于不败之地，答案只有一个，那就是要不断学习。企业要不断学习，建立学习型组织，提高应变能力。企业的员工更要学习，学习各种专业技术以及协调人际关系的能力。

升职，是每一个身在职场中的人梦寐以求的。但是我们不应该仅仅看重升职会带给自己更多的薪水，更应当看重增加薪水背后自己应当承担更多的责任。

承担更多的责任，就需要自己具备更多的能力，要能够为公司创造出更多的价值。而学习是提高一个人价值的最重要的途径，这就要求我们要“日知一新”，不断提升自己的价值。只有先让自己升值，才能获得更大的发展空间，为自己赢得更好的平台施展才华。

第三章
下一个倒下的不会是华为

华为并非创业伊始即成为行业的领军企业，它也是经过了披荆斩棘、披星戴月的奋斗，历尽艰难困苦，才成就了今日辉煌。

华为荣耀之——艰苦奋斗的精神

今天的华为
是用“垫子”垫出来的

坚持倡导“垫子文化”，才有了今天的华为。

无数硅谷人与时间赛跑，度过了许多不眠之夜，成就了硅谷的繁荣，也引领了整个电子产业的发展。华为也是无数的优秀儿女贡献了青春和热血，才形成今天的基础。创业初期，我们的研发部从五六个开发人员开始，在没有资源、没有条件的情况下，秉承20世纪60年代“两弹一星”艰苦奋斗的精神，以忘我工作、拼搏奉献的老一辈科技工作者为榜样，大家以勤补拙，刻苦攻关，夜以继日地钻研技术方案，开发、验证、测试产品设备……没有假日和周末，也没有白天和夜晚，累了就在垫子上睡一觉，醒来接着干，这就是华为“垫子文化”的起源。虽然今天垫子已只是用来午休，但创业初期形成的“垫子文化”记载的老一代华为人的奋斗和拼搏，是需要我们传承的宝贵的精神财富。

用服中心的员工们，用青春和心血铺就了华为成功的道路。不管冰天雪地、烈日炎炎，在白山黑水、在崇山峻岭中，没有日夜的概念，终年奔波在维修、装机的路上，用户的需要就是命令。严冬里雪堵住了道路，一天7～8小时坐在零下20多摄氏度的车上；炎夏挤在蒸笼般的超载的长途车中。大年三十爬上高高的铁塔，为了维修在研究、生产中的一点点小小的疏忽；当我们坐在温暖的办公室内，他们却因为赶不上车，在车站外面等候；当我们一遍一遍受到培训，增加晋升机会，他们却因公司发展太快，服务工作跟不上，一直待在远离公司的地方，一待就是两年没有回来一次；当我们与家人团聚时，他们却在远离公司的地方，坚守岗位。不站好这班岗，哪有市场。当他们不断地守着我们早期有故障的产品，不敢停歇一会儿，以确保公司信用，在新技术方面没有跟上公司的发展。当他们打电话向公司求援时，却受到“明白人”的斥责，说他们水平不高。我们这个时代最崇高的是责任心，最可贵的是蜡烛精神，他们照亮了公司却消耗了自己。多么伟大的人格，多么高尚的情操，当我们取得辉煌时，他们仍然像萤火虫一样默默地发光。

不要把学习英雄停留在口头上，要真正用心去学习。用服中心员工向我们展示的就是最具代表性的华为精神，只有它才会生生不息，把我们带向繁荣。

不要说我们一无所有，我们有几千名可爱的员工，用文化连接起来的血肉之情，它的源泉是无穷的。我们今天是利益共同体，明天是命运共同体，当我们形成内耗小、活力大的群体的时候，当我们跨过这个世纪形成团结如一人的数万人的群体的时候，我们抗击风雨的能力就增强了，可以到国际市场的大风暴中去搏击。我们是不会消亡的，因为我们拥有我们自己可以不断自我优化的文化。

——摘自《在春节慰问团及用服中心工作汇报会上的讲话》

延伸阅读

华为于 1991 年 9 月租下了深圳宝安县蚝业村工业大厦三楼，50 多名华为人开始了充满艰险的创业之路。一层楼分隔为单板、电源、总测、准备四个工段，库房、厨房也设在同一层楼。十几张床挨着墙边一溜排开，床不够，就用泡沫板上加床垫代替。在工段上班，包括开发人员，累了就趴在桌上，或在地上找张泡沫板、纸板，席地而卧，睡一下，醒来接着干，包括公司领导来也是这样。整层楼没有空调，只有吊扇，在高温下作业，经常是汗流满面。每天加班到很晚，熄灯就睡。四周老化测试的机架，设备上一闪一闪的信号灯，高频电流的振荡声，伴随着枕戈待旦的华为人进入梦乡。

有时睡到半夜，突然来车到货，不论是很重的蓄电池，还是机柜，都立即起来，卸完再睡。大多数人以此为家，领料、焊接、组装、调试、质检、包装、吃饭、上厕所，睡觉都在这一层楼上。除了到外协厂及公司总部外，不少人一连几天都没下过楼，有时候连外面天晴天阴，有没有下雨都不知道。

没有包装工段，也没有搬运及包装临时工，设备测好后，临时叫上在场的几个人，不分工人、工段长还是经理，也不分大专、本科还是硕士、博士，大家一起包纸箱，装入木箱再钉上边角铁，然后四五个人一起抬起机柜箱，装车发货。当时华为的员工都开玩笑自称为“乡民”，经理就叫“乡长”。市场部招的新员工,一般都要先到总测工段实习,即先当“乡民”,经过培训后,才派出去。美国有著名的“西点军校”，华为人则自豪地称这是进华为的“西乡军校”。

Business Develop

河南省冬夏枣茶总公司就是由无数创业者并肩奋战的奉献精神铸就而成的。总公司的前身是内黄县酿酒总厂，1990 年，由于经营不善等原因，酒厂一直处于半停产状态。困境中，王富安临危受命，成为这个半死不活的企业的当家人。走马上任后，王富安感觉肩头重担在压，丝毫不敢松懈，为了尽早将酒厂扭亏为盈，他带领整个领导班子日夜奋战在生产第一线，却从没有领过加班费和补助，这种以身作则、任劳任怨的奉献精神为全厂职工做出了很好的表率，以至于在企业中形成了一种良好的风气：职工们通过开展形式多样的劳动竞赛练就了一手过硬的技术；出差在外的购销人员为了节省资金，在最简陋的旅馆中构思着最宏大的销售计划……就这样，在全厂职工的共同努力下，工厂当年便扭亏为盈，成为年产1.8万吨的中国最大的枣肉饮料生产厂家。它的成功，饱含着以王富安为首的新一代领导班子艰苦奋斗、牺牲小家顾大家的崇高精神。

事实上，当我们翻开中国企业家创业史这浸透着汗水与心血的篇章时，我们就会发现，当今叱咤风云的巨头企业中，几乎没有哪一个不是经历了血雨腥风的考验和艰苦卓绝的奋斗才崛起的。当年，联想集团的创始人柳传志为了发展壮大联想，睡车棚、倒彩电、顶风雪、冒严寒，用一腔不灭的激情和伟大的自我牺牲精神铸就了联想成功的丰碑；巨人集团的创始人史玉柱为了研制M-6401汉卡，艰苦钻研150天，凭借着20箱方便面和昏天黑地的工作终于将第二代汉卡研制成功……

由此我们可以看出，在企业的发展过程中，奉献精神是必不可少的，它可以发挥巨的大作用让企业转危为安。现在国内诸多著名企业都在推进企业文化建设，积极倡导包括奉献精神在内的企业精神，其结果是大大提高了企业凝聚力和核心竞争力。

艰难创业：
华为的艰苦你无法体会

我说一声辛苦了，会让人泪如雨下。华为人的辛苦，只有华为人懂。

多年来的含辛茹苦，只有我们自己与亲人才真正知道。一声辛苦了，会让人泪如雨下，只有华为人才真正地理解它的内涵。活下来是多么地不容易，我们对著名跨国公司的能量与水平还没有真正地认识。现在国家还有海关保护，一旦实现贸易自由化、投资自由化，中国还会剩下几个产业？为了能生存下来，我们的研究与试验人员没日没夜地拼命干，拼命地追赶世界潮流，我们有名的“垫子文化”，将万古流芳。我们的生产队伍，努力进行国际接轨，不惜调换一些功臣，也决不迟疑地坚持进步；机关服务队伍，一听枪声，一见火光，就全力以赴支援前方，并不需要长官指令。为了点滴的进步，大家熬干了心血；为了积累一点生产的流动资金，至今绝大部分的员工还住在农民房里，我们许多博士、硕士甚至公司的高层领导还居无定所。一切是为了活下去，一切是为了国家与民族的振兴。世界留给我们的财富就是努力，不努力将一无所有。

华为经历了8年奋斗产生和日渐完善的企业文化，认真研究了中国企业的优势与劣势，实事求是地拟出了实现管理的大纲，使群体奋斗在华为成为坚实的基础和不可逆转的趋势。在这样的文化土壤上，才有可能长成茂实的庄稼，它孕育着无数的英雄，百万雄师过大江，是一代中国青年的写照。

中国长期受中庸之道的影响，虽然在寻求稳定上有很大的贡献，但也压制了许多英雄人物的成长，使他们的个性不能充分地发挥，无法实现对社会的牵引和贡献，或者没有共性的个性对社会形成破坏。因此，发展中的中国特别需要英雄群体来推动火车头的前进，这种渴求为每个人的成长提供了机会。华为将自己的目标选定向世界一流公司靠拢，而现在差距又这么大，更迫切地需要英雄，需要那种群体奋斗的英雄，那种勇于献身、无私无畏的英雄。所有有志的热血儿女都应为中华的振兴而奋不顾身。献出你的青春，献出你的热血，拥抱你的事业，享受奋斗的人生。

——摘自《在公司研究试验系统先进事迹汇报大会上的讲话》

延伸阅读

从当初籍籍无名的深圳企业，到如今成为全球前五大通信设备商，华为用了 20 年的时间。而其中，华为的国际化之路走了近 15 年。可以说，华为的国际化伴随着汗水、泪水、艰辛、坎坷与牺牲。华为内部著名文件《天道酬勤》中说，很多人感到不解，“华为为什么能活到今天，华为为什么能活下去？”答案是，华为相对还很弱小，面临更艰难的困境，要生存和发展，没有灵丹妙药，只能用别人看来很“傻”的办法，就是艰苦奋斗。华为不战则亡，没有退路，只有奋斗才能改变自己的命运。

面对部分公众对于华为“垫子文化”等精神的质疑，任正非的这次讲话可谓给出了一个有力的回击。任正非在不断强调自身的弱小与同顶级企业的差距的同时，再次重申华为企业文化的原点：“不奋斗，华为就没有出路。”并在内部员工层面实现了高度统一的认识。随着这次讲话流传开来,华为对"艰苦奋斗"精神的坚持很快赢得了社会公众的支持,而原先的指责之声也日渐沉寂了下去。

在改革开放的大潮中成立的华为,成长速度非常快。华为以大市场、大科研、大系统、大结构为目标,建立了一个运作良好的组织体系和服务网络。1995年时,华为有1750名员工,其中1400多人受过本科以上教育,有800多名博士、硕士。在公司全体人员中,研究开发人员占40%,市场营销人员占33%,生产人员占15%,管理人员占12%,这是一个良好的倒三角形组织结构。按照计划,1996年的华为已发展到2500～2600人。华为已经形成了覆盖全中国的营销网络及延伸到美国和香港地区的采购网络。同时,在市场销售的激烈竞争中,一批久经考验、高素质、高水平的企业管理队伍也被逐步磨砺出来了。

Business Develop

马云,阿里巴巴创始人,被称为"创业教父"。曾经的创业艰辛、近日的荣耀辉煌,使得这位卓越的企业家身上萦绕着散发不完的光环。阿里巴巴无疑是中国互联网史上的一次奇迹,这次奇迹是由马云和他的团队创造的。

阿里巴巴创业开始,钱也不多,50万,是18个人东拼西凑凑起来的。50万,是他们的家底。然而,只有这50万,马云却喊出了这样的宣言:"我们要建成世界上最大的电子商务公司,要进入全球网站排名前十位!"

1999年,中国的互联网已经进入了白热化状态,国外风险投资商疯狂给中国网络公司投钱,网络公司也疯狂地烧钱。50万,只不过是像新浪、搜狐、网易这样大型的门户网站一笔小小的广告费而已。阿里巴巴创业开始相当艰难,每个人的工资只有500元,公司的开支一分钱恨不得掰成两半来用。外出办事,发扬"出门基本靠走"的精神,很少打车。据说有一次,大伙出去买东西,东西很多,实在没办法了,只好打车。大家在马路上向的士招手,来了一辆桑塔纳,他们就摆手不坐,一直等到来了一辆夏利,他们才坐上去,因为夏利每公里的费用比桑塔纳便宜两元钱。

阿里巴巴曾经因为资金的问题，几乎到了维持不下去的地步。

8年过去了，2007年11月6日，阿里巴巴在香港联交所上市，市值200亿美元，成为中国市值最大的互联网公司。马云和他的创业团队，由此缔造了中国互联网史上最大的奇迹。

这是一个企业家辈出的时代，老一代企业家柳传志、张瑞敏、任正非；中年一代企业家马云、俞敏洪、陈天桥；青年一代李想、茅侃侃等。老中青三代企业家的创业故事影响了中国，他们的成功故事给无数创业者指引与激励。

更为难得的是，我们处在一个创业者的美好时代，全民创业的时代已悄然而至。从市场层面来看，互联网缩小了人与人之间的距离，地球村的市场到来、创业的机遇云集；从政策层面来看，各级政府提出了全民创业的口号。但即使有这么多的有利条件，我们在创业之前仍然需要谨慎思考、严谨行事，仍然需要继承并发扬艰苦奋斗的精神，不将创业当儿戏，不浮躁，不轻易放弃。

那么，个人创业应当注意哪些问题？

首先，个人创业，要选准行业。选准行业，看上去很简单，三百六十行，行行出状元，干哪一行都能出成绩、出效果。事实上，在个人创业阶段，选准行业对个人发展有很大的影响。任何一个行业都不是独立存在的，相互衍生的项目很多，这就是我们常说的产业链。那么，我们应该选择什么样的行业进行经营才能快速致富呢？选择适合群体广泛，竞争不太激烈，做生意人之生意是最理想的。尽管生意人在做生意的过程中和你讨价还价，但如果适合群体广泛，其利润也能积少成多，完全可以满足财富积累之效果。生意人之生意总结为，生意之基数大、数量多，利润空间不透明的情况下，赢利模式容易建立。

其次，个人创业，要选准地方。做金融肯定要去上海、深圳和北京。寻找国内金融行业集中的城市，上海和深圳是上市公司挂牌集中的地方，是投资必选的风水宝地。做生意人之生意，要在有生意人的地方就有你的生意。不论一级城市也好，二、三级市场也罢，都有你发展的空间。如果选择三级市场作为起点，则可以回避大城市经营运作的费用较大的风险，回避因业务拓展和经营管理不善早日夭折的风险。在三级市场拓展除了上述优势以外，还可以利用当地资源灵活经营运作模式，利用政府对三级市场的政策支持，利用个人在大城市经营管理的经验和优势。

再次，个人创业要选择合适的帮手和合作伙伴。孟母三迁的故事大家都很清楚，选择好的合作伙伴，无疑是事业成功的有力保证。综合素质良好、社会经验丰富、社会资源广泛都是考察的基础。

当创业遇上现实，任何激情都应该回归理性。创业者除了要有坚韧不拔的精神和意志外，更应该掌握创业的知识，借鉴成功者的经验，这样可以科学创业、高效创业。

死磕：华为的灵魂就是艰苦奋斗

要生存和发展，没有灵丹妙药，
只能用在别人看来很“傻”的办法，
就是艰苦奋斗。

艰苦奋斗是华为文化的魂，是华为文化的主旋律，我们任何时候都不能因为外界的误解或质疑动摇我们的奋斗文化；我们任何时候都不能因为华为的发展壮大而丢掉了我们的根本——艰苦奋斗。

在电子信息产业，要么领先，要么灭亡，没有第三条路可走。华为由于热爱走上了这条路。当我们走上这条路，没有退路时，我们付出了高昂的代价，我们的高层领导为此牺牲了健康，后来的人仍不断在消磨自己的生命，目的是达到业界最佳。沙特阿拉伯商务大臣来参观时，发现我们办公室柜子上都是床垫，然后把他的所有随员都带进去听我们解释这床垫是干什么用的，他认为一个国家要富裕起来就要有奋斗精神。奋斗需一代一代坚持不懈。我们要强调员工的敬业精神，选拔和培养全心全意高度投入工作的员工，实行正向激励推动。基于公司处于的不利因素，激发员工拼命努力的热情。知识、管理、奋斗精神是华为创造财富的重要资源。我们在评价干部时，常常用的一句话就是，此人肯投入，工作卖力，有培养前途。

只有全心全意投入工作的员工，才能成为优良的干部。我们常常把这些人，放到最艰苦的地方、最困难的地方，甚至对公司最不利的地方，让他们快快成熟起来。

美国由于私人风险投资基金的推动，使得一批一批的志士如痴如狂地去追求成功。那种奋斗不止的精神，并非我们共产党人才有。先不说我们是为了社会的公平，他们是追求个人利益。从纯奋斗精神来讲，美国也有焦裕禄、孔繁森。多年来我接触相当多的美国科技人员，由于一种机制的推动，非常多的人都十分敬业，苦苦地追求着成功，这是一种普遍的现象，而非个例。比尔·盖茨当初没有电视机，而是由他父亲帮他看新闻而后告诉他，有些人不理解，因此也不会理解中国的许多科技工作者在那么低的收入中的忘我奋斗与牺牲精神。理解不了“两弹一星”是怎么研制出来的，理解不了袁隆平为什么还那么农民。大庆铁人王启明不就是这么一个苦苦探索二三十年，研究分层注水、压裂，使大庆稳产高产成为世界奇迹的吗?

拼命奋斗是美国科技界普遍的现象，特别是成功者与高层管理者。当今的科技进步是由数百万奋斗者推动的技术进步,管理进步，服务网络的优良服务而取得的。

如果以狭隘的金钱观来认识资本主义世界的一些奋斗者，就理解不了比尔·盖茨为什么每天还工作十四五个小时，不间歇地努力。不带有成见地去认识竞争对手，认真向他们学习好的东西，才有希望追赶上他们。华为在IT泡沫破灭后侥幸活下来，其实是我们当时的落后救了自己，落后让我们没能力盲目地追赶技术驱动的潮流。而现在西方公司已经调整过来，不再盲目地追求技术创新，而是转变为基于客户需求导向的创新，我们再落后就将死无葬身之地。信息产业正逐步转变为低毛利率、规模化的传统产业。电信设备厂商已进行和将进行的兼并、整合，正是为了应对这种挑战。华为相对还很弱小，面临更艰难的困境。要生存和发展，没有灵丹妙药，只能用在别人看来很“傻”的办法，就是艰苦奋斗。

——摘自《华为的红旗到底能打多久》

延伸阅读

每个企业都有企业文化，小胜在智，大胜在德。华为成立之初，员工只有几十人，资金短缺，为了节省成本，员工们工作、生活都在一层楼上，由于交货期紧张，很多人几个月不下楼，很多同事在那里工作几个月了，对周围的交通、环境还没有什么概念。在创业初期，华为人没有更多资源可以利用，唯有通过艰苦奋斗来改变现状，弥补资源的不足，从而渡过了一个又一个难关，取得了一个又一个成功。在资金异常匮乏的情况下，华为投入全部资金研制成功了具有自主知识产权的程控交换机，一举奠定了其在国内市场的地位。创业初期，华为人为了筹集更多的发展资金，拿的工资都不高，他们还经常加班，但公司很少发加班费。很多华为高层，一直到 1999 年还都居住在深圳郊区的农民房内。为了理想，他们对此无怨无悔。在这种拼搏精神的带动下，华为取得了高速发展，年销售额增长幅度超过 100%。1996 年，华为产值达 25 亿元；1997 年，华为产值达 50 亿 ~ 60 亿元，员工则达到了 3100 人，其中 40% 从事开发与研究，35% 从事市场销售和技术支持，12% 从事行政管理，13% 左右的人员从事生产制造；1999 年华为公司发展到 5000 多人。

上述话就是任正非在这个背景下说的。任正非反复强调，相比国外的大公司，华为还显得很年轻，还有很长的路要走，所以他时刻向员工强调，艰苦奋斗的作风一定要保持下去，这是华为能够发展、成功的关键。

在创业之初，当华为自主研发的设备刚出来，华为的创业元老们很兴奋，又很犯愁，因为业界知道华为的人很少，了解华为的人更少。当时有一个情形一直深深地印在老华为人的脑海中，经久不退：在北京寒冬的夜晚，我们的销售人员等候了8小时，终于等到了客户，但仅仅说了半句话“我是华为的……”就眼睁睁地看着客户被某个著名公司接走了。望着客户远去的背影，华为人只能在深夜的寒风中默默地体会着屡试屡败的沮丧和屡败屡战的苦涩。是啊，怎么能怪客户呢？华为本来就没有几个人知晓啊。

然而如今，当华为通过艰苦奋斗，获得了很大的成就之后，华为人有一种从未有过的幸福和神圣的责任感。任正非表示：“我们的劳动不仅改变了人们的生活，增进了人们的沟通，而且也一天一天地充实着我们自己，丰富着我们家人的生活，也在一年一年地改变我们自己的生活。我们在分享劳动果实的同时，又增加了对未来的憧憬，这些在慢慢地加深着我们对劳动本身的体悟和认识。热爱劳动不仅仅是一种美德，劳动中的人也是美的，在劳动中能品尝到一种愉悦甚至幸福。当看着我们贫瘠的土地变成了绿洲，当看着事先连想都不会想到的、代表着现代文明的成果在我们勤劳的双手中不断地被创造出来时，这种心情是无论用什么语言都难以表达的，真可谓天道酬勤，一分耕耘，一分收获。”

当今社会很多创业者都有着比任正非当初强很多的创业条件，但不能因此就丧失了艰苦奋斗的精神。艰苦奋斗对于一个企业的成长来说并非只是短期效益，更关系到企业长远文化的建设、关系着企业能否在浪潮中坚挺地走下去。因此打造艰苦奋斗的精神，是创业者要着重坚持的工作之一。

活下去
才是硬道理

战争的硝烟还未散去，人人都要争做英雄。

在战争硝烟还未散去、在我们的干部还在崇尚领兵作战的今天，我们就开始进行干部的正规化训练，是十分艰难的转移，但不这样抓管理建设，我们就会贻误将来出现的大好时机。我们要寻找一批真正认识管理的内涵和永恒的管理主题的志士仁人。早一些学管理，早一些主动。

我们会不断地改善物质条件，但是艰苦奋斗的工作作风不可忘记，忘记过去就意味着背叛。我们永远强调在思想上艰苦奋斗。思想上艰苦奋斗与身体上艰苦奋斗的不同点在于：思想上艰苦奋斗是勤于动脑，身体上艰苦奋斗只是手脚勤快。我们要提拔重用那些认同我们的价值观，又能产生效益的干部；我们要劝退那些不认同我们的价值观，又不能创造效益的人，除非他们迅速转变。我们坚定不移地反对富裕起来以后的道德滑坡、庸俗的贪婪与腐败，不管他职务高低。我们要重塑新时代的民族精神，为伟大祖国的振兴而贡献青春与年华。

我们公司在市场上还面临着巨大的艰难，在低端产品上我们与外国公司还有品牌效应的差距，在高端产品上我们还有技术差距。由于历史的原因，我们在市场上还处在低层次网上，在外国公司已全覆盖的网中，争夺一个一个的小点。今年仍然是一个十分艰难困苦的年月，我们还得奋力去拼搏；还期待更多的英雄投入火热的市场生活中去；还要在新的起点，从零起步，努力去学习，勇敢地挑战明天；不断提高个人素养、改进管理、增加效益，为公司的大发展铺平道路。历史给了你们使命，不能躺到功劳簿上，而要不断革命。新老干部要团结合作，只有携手共进，才能优势互补。英雄是一种集体行为，是一种集体精神，人人都要争做英雄。

——摘自《在来自市场前线汇报会上的讲话》

延伸阅读

1995 年，华为自主研制的 C&C08 数字程控交换机在经过两年的研发、实验和市场推广之后，终于在中国市场上取得了规模商用。华为的 08 机与巨龙的 04 机一起，成为中国广大农村通信市场的主流设备。华为人为此欢欣鼓舞，对公司的发展前景满怀信心，而任正非则清醒地意识到：由于全世界厂家都寄希望于中国这块当前世界最大、发展最快的市场而拼死争夺，形成了中、外产品撞车，市场严重过剩的情况，形成了巨大危机。大家拼命削价，投入恶性竞争，由于外国厂家有着巨大的经济实力，已占领了大部分中国市场，如果中国厂家仍然维持现在的分散经营，将会困难重重。

1996 年，华为全年完成销售额 26 亿元，经过 8 年奋战，华为正式进入企业的顺利发展阶段。而此时，任正非却尖锐地提出，面对成功，华为人必须要有一种清醒的认识，否则成功带来的将不是企业的繁荣，而是令人措手不及的危机。

近年来，在物质条件比较丰富以后，一些人的道德观开始滑坡，任正非希望华为人能够抵御住各种诱惑，保持良好的道德品格和高尚情操。

任正非反复强调，华为的成功是一代又一代的华为人通过艰苦奋斗换来的，很多人为此牺牲了休息，牺牲了亲情，甚至牺牲了健康。就是因为成功是来之不易的，所以任正非反复强调华为人要发扬艰苦奋斗的精神，反对任何腐化堕落的行为，甚至不允许开展会消磨意志的不健康的娱乐活动。

Business Develop

艰苦奋斗才能活下去，对于企业和员工来说都是如此。然而坚持和弘扬艰苦奋斗必须正确理解艰苦奋斗的内涵。长期以来不少人对艰苦奋斗存在一些误解，一提到艰苦奋斗，就与吃野菜、穿草鞋、睡草铺等苦行僧式的生活方式联系起来，甚至等同起来。这种对艰苦奋斗的肤浅而片面的理解和认识使不少人错误地认为，当前生活富裕了，创业时也就没有必要再提倡艰苦奋斗了。

从工作角度讲，艰苦奋斗是一种不畏艰苦、脚踏实地、奋发向上、锐意进取、开拓创新、与时俱进、勇于拼搏的工作作风，这是中华民族的优良传统。从思想角度讲，艰苦奋斗是一种生活态度和思想境界，是一种反对奢华浪费、追求顺应自然、崇尚俭朴、与大自然和谐共处的生活理念。从意识角度讲，艰苦奋斗是一种居安思危的忧患意识，一种精神，一种价值观，它与拜金主义、享乐主义是对立的。

虽然艰苦奋斗在不同时代有不同的表现形式，但艰苦奋斗的内容和本质不会改变。就像提倡学雷锋一样，不是专指学雷锋同志生前所做的哪一件或几件好事，而是要学习雷锋同志那种团结友善、乐于助人、甘于奉献的精神。

生产的目的是为了消费，追求良好舒适的物质精神生活是人类的天性或本能，没有必要去限制和扼杀，依照现在的社会条件，“艰苦奋斗”这一词很难再是曾经的“艰苦奋斗”了，但当今社会的年轻人，更需要通过这种精神来磨炼自己的意志。

也许我们这个时代的年轻人创业已经不需要像老一辈创业者一样睡草垫、肩挑手扛，但创业不可避免地会遇到各种挫折和苦难，这时，艰苦奋斗的精神就是支撑我们走下去的关键。

下一个
倒下的不会是华为

从来就没有什么救世主，也没有神仙皇帝，要富强，必须靠自己。

胜则举杯相庆，败则拼死相救的市场工作原则，几年来感召了多少英雄儿女一批一批地上前线。商场如战场，却比战场更加残酷与艰苦，苦难的历程又抚育成长了多少市场营销干部。没有他们一滴汗、一滴泪的奋斗，就不会有今天月销售额突破 12 万线的好成绩。几年的时光一晃就过去了，华为从一个小公司逐渐变为一个有实力的公司，更有机会向市场提供良好的服务，售后服务的成本也在降低。在当前市场内忧外患，不正当的竞争几乎把国内厂家逼到临近破产的状况下，我们一定要坚持提升技术的先进性，不惜提高产品质量的可靠性，建立及时良好的售后服务体系。在当前产品良莠不齐的情况下，我们承受了较大的价格压力，但我们真诚为用户服务的心一定会感动上帝，一定会让上帝理解物有所值，逐步地缓解我们的困难。我们一定能生存下去，为中华民族的通信产业，发出光和热。历史给了我们巨大的压力、危机，也给了我们难得的机遇。处在民族通信工业生死存亡的关头，我们要竭尽努力，在公平竞争中生存发展，决不退步、低头。

马克思在 100 多年前就告诉我们一条真理，我们要深刻去理解它。

“从来就没有什么救世主，也没有神仙皇帝，中国要富强，必须靠自己。”我们从事的事业，是为了祖国的利益、人民的利益、民族的利益。相信我们的事业一定会胜利，一定能胜利。

如果我们的营销人员都具有国际业务水平，并都具有高度的责任心，我们的生产人员个个都是认真负责，我们的行政服务人员个个都是兢兢业业，都把客户价值观当作自己的价值观，我们即使有困难也是暂时的。公司要长久生存下去，就要不断地提升核心竞争力，就要不断地面对公司的问题，并认真地解决公司的问题，问题解决了，公司还能不前进吗？比如我们现在的产品，技术先进性没问题，但使用稳定性有问题，就必须认真解决。扩大市场有两方面：一是扩大老产品在市场上的份额，以及进入新的区域；二是培育新产品在老市场的成长。扩张市场是要付出生命代价的，只有人人努力工作，消磨了青春，公司才有希望。公司前程如何，客观环境自然是一个因素，但更重要的还是我们的内部主观努力，能不能不断批判自我，超越自我。

今年底，我们将提出一个口号，就是在窄带通信领域要做到世界领先。怎么做到？要虚心、认真学习国外主要竞争对手的优点，并时时看到和改正自己的缺点。华为要活下去就要学习，开放合作，不能关起门来赶超世界。我们所有的拳头产品都是在开放合作中研制出来的。封闭心态的人无法进步，应下岗培训。

——摘自《胜利祝酒词》

延伸阅读

任正非曾着重表扬过一名叫作毛生江的华为员工。他认为毛生江在经历了艰难的挫折和打击后并没有一蹶不振，而是释放出了自己全部的能量，取得了非凡的成就，值得全体华为人学习。

毛生江进华为公司后做产品开发，不久便担任了华为拳头产品 08 机的开发项目经理，参加了第一台 08 机的开发。1994 年，华为市场部集体大辞职，华为干部能上能下、打造职业管理队伍和制度化让贤的序幕被拉开。辞职意味着可能降职、降薪、地位更换，意味着离开自己熟悉的岗位从头做起，从头学起，也意味着将有被淘汰出局的可能，那是一种脱胎换骨般的新生阵痛。

经过短暂的阵痛后，毛生江别妻离子，全身心投入了山东市场的开拓上。山东是华为的传统市场，市场容量及潜力都十分可观。然而，由于通信市场的竞争日趋残酷，特别是个别厂家使用非常规手段进行低价倾销，华为在山东市场上的推进缓慢。如何变被动为主动，将团队塑造成一个进退有形、富有战斗力的集体？如何营造出团结进取的组织氛围？毛生江一到山东代表处便在脑子里筹划这件紧要的事。他知道：一个强有力的团队必然能克服眼前的重重困难。于是他通过多次召开民主生活会，引导大家开展自我批评，改进不足，又针对具体项目，进行项目分析会和定期的工作例会，并按需组织培训，坚持不懈地推行新员工思想导师制。

山东一线员工在毛生江的带领下，面对一个又一个困难，承受着一次又一次被磨砺的痛苦。1999 年，山东代表处实现市场格局均衡化，取得了骄人的业绩：销售目标比 1998 年增长 50%，总销售额达 93 亿元，回款接近 90%。2000 年 1 月 18 日，毛生江被任命为公司执行副总裁。

Business Develop

危难中，企业要看到光明和希望，要有必胜的信心和豪情，只有这样，才能“下定决心、不怕牺牲、排除万难、争取胜利”。这种必胜的精神，与其说是一种信念，不如说是一种狼性、一种不畏强敌的自信！

在面临困境、危机四伏的紧要关头，企业一定要克服畏敌情绪，拥有必胜的信心，这才是战略决策的关键。一个没有信心的企业是无法在竞争中取胜的，因此，在遇到问题时，企业管理者一定要正确、客观、公正地估量竞争对手的实力，切不可“长别人志气，灭自己威风”，更不能盲目自卑、不战而退，要用必胜的信念为成功杀出一条血路。

不仅仅是企业管理，在短兵相接的战场上，必胜的信念几乎是将领们生命的喉咙，它直接关系到战争的胜负。回顾历史上那些著名的以少胜多、以弱胜强的战役，无一不闪烁着将领们智慧的火花和豪迈的战斗激情。斯巴达用300名勇士的鲜血创造了“温泉关战役”以少胜多的奇迹，虽然付出了全军覆没的惨重代价，却为波希战争赢得了宝贵的时间，使得希腊军队唱响了凯旋的赞歌。这样的奇迹，没有信念的支撑是无论如何也创造不出来的。

信念就是有着这样的力量，它能够使处于逆境中的团队发挥出超常能量，从而反败为胜，也能够让企业在看似穷途末路的时候杀出重围，从而走进一片柳暗花明的新天地。

第四章

经得起千锤百炼的华为精英们

在华为发展的每一个横、纵坐标点上，每一个关键的、迷茫的时间节点上，华为的干部们肩负着责任做出了榜样，他们的精神像火凤凰一样永放光芒。

华为荣耀之——最有责任心的干部

最有责任心的人 才能承担最重要的职务

献身精神是考核干部的一个重要因素。

我们让最有责任心的人担任最重要的职务。我们公司确立的是对事负责的流程责任制，我们把权力下放给最明白、最有责任心的人，让他们对流程进行例行管理。高层实行委员会制，把例外管理的权力下放给委员会，并不断地把例外管理转变为例行管理。流程中设立若干监控点，由上级部门不断执行监察控制，这样公司才能做到无为而治。

一个部门领导没有犯过什么错误，但人均效益没有增长，他就应下台了。另一个部门的领导犯过一些错误，当然不是品德错误，而是大胆工作，大胆承担责任，缺经验而产生的错误，而人均效益增长，他应受到重视。若他犯的错误，是集体讨论过的，错了以后又及时改正了，他应受到提拔。各级干部部门，要防止明哲保身的干部被晋升。在一个系统中，人均效益的指标连续不增长，那么主要部门领导与干部部门的人，应全部集体辞职。因为，人是他们选的。

区别一个干部是不是好干部，是不是忠臣，标准有四个。第一，你有没有敬业精神，对工作是否认真，改进了，还能再改进吗？这就是你的工作敬业精神。第二，你有没有献身精神，不要斤斤计较，我们的价值评价体系不可能做到绝对公平。我认为献身精神是考核干部的一个很重要因素，一个干部如果过于斤斤计较，这个干部绝对做不好，你手下有很多兵，如果你自私、斤斤计较，你的手下能和你合作很好吗？没有献身精神的人不要做干部，做干部的一定要有献身精神。第三点和第四点，就是要有责任心和使命感。我们的员工是不是都有责任心和使命感？如果没有责任心和使命感，为什么还想当干部？

——摘自《华为的红旗到底还能打多久》

延伸阅读

在一个企业中，每一个人都扮演着不同的角色，每一种角色又都承担着不同的责任，然而，想要成为企业的领导者，势必要肩负更高的责任。领导者必须清醒地意识到自己的责任，并勇敢地扛起它，才能对自己和企业问心无愧。

作为华为的最高领导之一，任正非就是一个十分有责任感的人。虽然任正非身体一直不好，但为了华为的生存和发展，他一直身体力行。从 1992 年开始，任正非就多次出访各国，探寻国外成功企业的经验，他多次在寒冷的冬季出访俄罗斯，远赴德国、美国，一边要承受由于时差、环境气候等带来的不适，一边还要竭力融入当地的文化大背景中去分析和理解当地企业的经营管理。为了公司的发展，也为了便于和国外企业家沟通，任正非在 50 多岁时开始学习英语，当华为员工经过他的办公室时感到一种发自心底的崇敬，当然还有油然而生的紧迫感，由此，他们想到 :“我还有什么理由不努力好好学习、好好工作？”

Business Develop

管理学家德鲁克认为，领导者要具备两种要素 : 出色的能力和强烈的道德责任感。有能力的人很多，但能够成长为优秀管理者的人屈指可数。缺乏优秀的品格和个性魅力，领导者的能力即便再出色，也无法成为成功的管理者。领袖魅力源自工作能力和为人品格。

领导者素质，指在先天禀赋的生理和心理基础上，经过后天的学习和实践锻炼而形成的，在领导工作中经常起作用的那些基础条件和内在要素的总和。对一个企业来说，好的领导者就是其支柱，所以，人员素质竞争中关键是领导者的素质。

正如任正非所言，一名员工能否成为领导的前提，是他有没有愿意为企业奉献的精神和对企业负责任的信念。不负责任的人，即使知道一份工作来之不易，也还是用一种敷衍的态度去工作，马虎执行，不求品质。造成这种状况的原因在于，他们都没懂得一个道理：责任，不单是为了老板，更为了个人的成功，缺乏对工作负责的精神，永远没有能够执掌大任、自己成为领导的一天。

一个公司有三个大分厂，一分厂历来管理基础较好，但规模较其他两个分厂小一些。一分厂的厂长姓林，正是在他的一手经营下，一分厂才有了良好的业绩。

后来，董事长决定调林厂长到三分厂当厂长。

三分厂是公司规模最大、设备最先进、管理却是最混乱的一个分厂。之前已经有好几个厂长去那里，都无功而返。因此，得知调动消息时，林厂长很矛盾：不去吧，董事长可能不高兴；去吧，一旦搞砸了，想再回一分厂都不行了。而且，由于多年管理一分厂，一切工作运作程序早就规范化了，管理起来很轻松。

思量再三，林厂长还是答应调往三分厂。半年多的时间过去了，林厂长身先士卒，全心投入三分厂的工作中，原来最混乱、生产能力最低的三分厂，一跃成为整个公司的生产管理标杆区，各项指标均占据首位。

董事长决定把三分长的经营管理权下放给林厂长，并给他年薪 80 万元。

林厂长原来的工资，每月只有 5000 元！

企业领导者素质是一个主观修养适应客观需要的问题，是一个动态性的问题。企业所处的时代不同，面临的任务不同，对领导者的素质要求也不同。领导者的素质对企业的经济效益有很大影响，领导者的素质好、水平高，可以提高领导者的影响力和号召力，把领导工作搞得更好；领导者素质的好坏关系到事业的成败，可以适应万变的市场，充分施展自己的聪明才智，带领职工更好地搞好企业。但能否实现这一切的前提，是领导者有没有为企业奉献的精神。责任胜于能力，一个人如果没有对企业和对员工负责的态度，即使再有能力也无法胜任领导者的工作。

干部也得与员工同甘共苦

领导人要在思想上艰苦奋斗，永不享受特权，与全体员工同甘共苦。

1. 各级干部都必须努力培养超越自己的接班人，这是我们事业不断发展的动力。没有前人为后人铺路,就没有人才辈出。只有人才辈出，继往开来，才会有事业的兴旺发达。任何人都必须开放自己，融入华为的文化生活中去。

2. 要有强烈的进取精神与敬业精神，没有干劲的人不能进入高层。不仅仅是个人的进取精神，还包括所领导的这个群体的进取与敬业精神。没有敬业精神的高级干部要调整职位。华为公司永远要充满活力，永远不允许有自满自足的情绪在公司存在。

3. 各级领导干部不但要学会做人,也要学会做事,踏踏实实地做事，认认真真地做事。那种只说不做，或只会做表面文章的人，只会进行原则管理、从不贴近事件的人，不能得到提拔和重用。

4. 高中级干部要提高自身的修养，学习领导的艺术和良好的工作作风。我们要把批评与自我批评的工作作风，从高层一直传递到最基层去。

5. 任何一个干部都要清清白白做人、认认真真做事，做员工学习的榜样。不仅要严格要求自己，也要严格要求部属。

6. 在华为当干部要理解为一种责任，一种牺牲了个人欢愉的选择，一种要做出更多奉献的机会。每一个干部都要有远大的目光、开阔的胸怀，要在思想上艰苦奋斗，永不享受特权，与全体员工同甘共苦。

——摘自《不做昙花一现的英雄》

延伸阅读

任正非对企业各级领导人一直以严格要求著称，尤其是对领导人的工作态度和人品要求甚高。在2010年的新春致辞中，任正非说："我们要充分发挥干部后备队选拔、培养干部的作用，使一些优秀的员工，找到更适合他们的岗位。我们的干部要坚持实事求是的工作作风，敢于讲真话，不捂盖子，报喜更报忧，公平对待下属与周边合作，敢于批评公司及上级的不是。我们反对唯唯诺诺、明哲保身，这样的人不适合作为管理干部，我们在新一年要调整他们的工作。不敢承担责任、观察上级态度，是不成熟的表现；工作方法粗暴，是缺少能力的表现。我们在新一年中要逐步减少这类干部。"

为了监督领导人的工作，任正非更是建立了三权分立的干部监察制度。之所以要坚持三权分立的干部监察制度，源于任正非的一个担心，那就是"害怕我们这个公司上层中有的人头脑发热，最后导致这个公司生命的终结"。对任正非来说，领导人是否能够清醒、冷静地做决策，对华为的发展来说至关重要。任正非举了一个例子："万国证券公司是非常艰苦奋斗的，他们艰苦奋斗的那段历史、那种经历是令世人都震惊的。他们不是从一个坏公司垮掉的，而是从一个好公司垮掉的。他们很有业绩，很有成绩的，做得有声有色。但是，由于内外种种压力，他们的总裁违反证券市场的操作法规，突然孤注一掷，抛空国债。如果判他不违法，他可以赢利40个亿，判他违法，他就亏损

20 个亿。大家想一想，不要说他们亏损 20 个亿，就是华为亏损 20 个亿，我们的日子也是很不好过的。他们很难过关就垮掉了。那么，华为公司会不会垮掉呢？比如说我会不会孤注一掷呢？完全可能的。因此，我们必须要有一个'基本法'来确立华为公司的层层管理体系，确立层层动力和制约体系，这样，公司的发展才能有序有规则。然而，要实现这个有序有规则不是一天两天就可以实现的，这将是非常漫长、很艰难的。但实现了这种动力与制约机制，我们就不会犯万国证券的错误，不管总裁有多大的个人声望，不对的事，就会有牵制。"

Business Develop

斯隆是一个爱好广泛、热衷交际的人，他身边有很多的好友和死党。但是，在他担任通用总裁之后，从不与下级主管亲近，对所有下属都以礼相待，保持一定的距离。在他担任通用公司总裁的 50 多年时间里，没有在公司内部结交过一个朋友。如果要和他成为真正意义上的朋友也可以，但前提是你先离开通用公司，之后才能和他建立真正的情谊。而且，他从来不在公开场合谈论自己的喜好和家庭。

对于自己的孤立，斯隆是这样解释的："我也喜欢交友，喜欢身边有个说心里话的人，可是董事会信任我，让我坐在这个位置上，并给我比平常人都要高很多的薪水，不是让我来交朋友拉关系的。我的工作是评估企业里的人表现如何，从而做出正确的人事决策。假如我和某些同事有极深的交情，自然就会有好恶之分，这样就会影响我决策的正确性与客观性。在这个世界上，没有人喜欢孤寂，也不可能有。我之所以如此，是因为责任在身，我不得不放弃在工作场合建立私交。"

斯隆认为，总裁的职责就是做到公正客观，不偏不倚。他必须宽宏大量，不应计较下属采用何种工作方式，更不能把自己对下属的喜恶之情带入管理之中，唯一的评价标准应该是绩效和性格。如果一个总裁和公司同事之间建立起了“私交网”，那么在工作中他就无法做到不偏不倚，或者至少不能表现得不偏不倚。

斯隆的下属们不知道他喜欢什么，就不会因为他的喜而喜，也不会因为他的恶而恶，而是随时表达他们最真实的自己。正是因为如此，斯隆才能做到用人不拘一格，他手下的高级经理们，也是风格迥异，各有特色。

根据自己的喜好来选人用人，必将产生不公正。在现代企业里，卓有成效的管理者都是在管理过程中对事不对人，站在一个公正客观的立场上来进行管理活动。

能力
是激励出来的

领导不要迎合群众，要注意方法，推进组织利益。

我们的领导都不要迎合群众，对于推进组织目的，要注意工作方法。一时牺牲的是眼前的利益，但换来的是长远的发展。如何掌握任职资格的应用，是对各级干部的考验。

我们要坚定不移地推行任职资格管理制度。任职资格的推行不是机械唯物主义的、形而上学的推行，而是真正达到管理进步意义上的推行，这样才能改变过去的评价蒙估状态，才会使有贡献、有责任心的人尽快成长起来。激励机制要有利于公司核心竞争力战略的全面展开，也要有利于近期核心竞争力的不断增长。我们公司在推行激励机制时，不要有短期行为，我们要强调可持续发展。既要看到他的短期贡献，也要看到组织的长期需求。不要对立起来，不要完全短期化，也不要完全长期化。同时，我们要推行以正向考核为主，但要抓住关键事件逆向考事，事就是事情的事。对每一件错误要逆向去查，找出根本原因，加以改进，并从中发现优良的干部。我认为正向考核很重要，逆向的考事也很重要。要从目标决策管理的成功，特别是成功的过程中发现和培养各级领导干部。在失败的项目中，我们要善于总结，其中有不少好干部也应得到重视。要避免考绩绝对化、形而上学，特别是要从有实践经验、有责任心、有技能，且本职工作做得十分优秀的员工中选拔和培养骨干。

——摘自《华为的冬天》

延伸阅读

在有些企业里，经常会听到一些不太易懂的头衔，像正部级设计师、副处级绩效主管、正科级业务员等等。就是在具体职位前面加上了相应的行政级别，这样一来，地位和待遇等级都可以一目了然。

1998 年之前的华为，就是这样的一种称谓模式。每到公司开会的时候，先要规定一下参会人员的级别范围，如科级以上或者处级以上等，不论你是管理人员，还是专业人士，只要满足相应的级别要求，都必须参加，如果不清楚自己是否符合参会条件，可以先去问一问上司。

伴随着企业的发展，除管理层之外，也涌现出技术、营销、制造、采购、财务以及人力资源等方面的专业人士。和唯一的行政称谓比起来，叠加式的头衔，已经进步了许多，承认了专业人士的地位，但还没有完全跳出“官本位”思想的束缚。在许多专业人士看来，最好能兼个科长、处长之类的行政职位，或者干脆直接转向管理职位发展，否则职业前景依然暗淡。职业发展既像是在登山，又像是在走迷宫。登山指在层级式的组织结构中，越往上位置越少，还要同时顾及一不留神出摔下去的危险；而走迷宫，就是有许多条通道可供选择，但很难辨别到底哪条路径是正确的，毕竟走错路或回到起点的情况也时有发生。

Business Develop

任职资格标准究竟是基于技能、行为、绩效还是资历、学历等其他要求，是等级标准设计需要解决的关键问题。

英美专家一致发现，以员工持续产生高绩效所需要的关键行为为核心的任职资格标准，最能客观评价任职者的胜任程度。

首先，与一般概念性技能难以衡量相比，行为能力可以通过举证来判定，同法律诉讼中所使用的方法类似。是否具备某一等级的任职资格，不是由本人确定，也不是主管根据主观印象来评判，而是根据行为事实举证的原则，正面的证据可以支持，反面的证据可以否定，由此形成的评价标准既客观，也具有很强的操作性。

其次，以绩效标准进行评价，不存在“天上掉馅饼”的偶然性。行为是产生绩效的最直接因素，行为能力评价中的举证，综合考虑了员工的累积绩效贡献以及在完成工作之中的过程行为。如果某个人只是偶尔为之，不一定能够满足资格标准的要求，这就避免了评价中的偶然因素，符合职业行为需要持续一贯的原则。此外，以行为能力为核心，将应知应会、资历、经验等只作为参考项，也摆脱了传统的“论资排辈”现象。

华为在借鉴英国模式的基础上，设计了著名的“五级双通道”模式，即先梳理出管理和专业两个基本通道，再按照职位划分的原则，将专业通道进行细分，衍生出技术、营销、服务与支持、采购、生产、财务、人力资源等子通道。这些专业通道的纵向再划分出五个职业能力等级阶梯，如技术通道就由助理工程师、工程师、高级工程师、技术专家、资深技术专家五大台阶构成；而管理通道是从三级开始，分为监督者（三级）、管理者（四级）和领导者（五级）。

当时华为的常务副总裁李一男等一批技术领导就同时兼有技术和管理两个通道的等级资格。作为一名技术部门的管理者，一旦失去管理职位后，凭借其相应的技术等级资格，可以再转回到技术通道上发展，这就解决了管理队伍新老接替中“下岗干部”无法安置的问题。

和风细雨般的
改革才有成效

自我批判，是思想、品德、素质、技能创新的优良工具。

自我批判不是为批判而批判，也不是为全面否定而批判，而是为优化和建设而批判，总的目标是要提升公司整体核心竞争力。为什么要强调自我批判？我们倡导自我批判，但不提倡相互批评，因为相互批评不好把握度，如果批判火药味很浓，就容易造成队伍之间的矛盾。只有认真地自我批判，才能在实践中不断吸收先进，优化自己。在职在位的干部要奋斗不息、进取不止。干部要有敬业精神、献身精神、责任心、使命感，这些都要求干部要坚持进行自我批判。高级干部每年都有民主生活会，民主生活会上提的问题是非常尖锐的。有人听了以后认为公司内部斗争真激烈，他们说起问题来很尖锐，但是说完他们握着手打仗去了。我希望这种精神一直能延续下去，下面也要有民主生活会，一定要相互提意见，相互提意见时一定要和风细雨。

一定不要把内部的民主生活会变成了有火药味的会议，我希望各级干部在组织自我批判的民主生活会议上，千万要把握尺度。要细细致致地帮人家分析他的缺点，提出改进措施来，和风细雨式最好。

我相信只要我们持续下去，就会比那种暴风急雨式的革命更有效果。

——摘自《华为的红旗能打多久》

延伸阅读

任正非要求每个干部要多做自我批判，不断找自身问题和部门差距，不断总结和改进工作，为公司多做贡献，并按照公司干部选拔原则来培养选拔后备干部。

为什么任正非这样强调干部的自我批判能力？

这是因为一个优秀的管理者真正的能力是接受新事物、新观念，去除旧观念、旧的思维模式和过时的心智模式的能力。这种能力实质上就是自我批判的能力，有了这种能力才能去除自身不符合公司价值导向的价值观，真诚地接受公司核心价值观的约束，并按公司的价值导向重塑自我。

自我批判的能力，实质上也是一个人自我领导、自我管理的自制力和内在控制力。通过理智地进行自我剖析，重新审视自己的价值观和心智模式。自我批判的过程就是一个思想上、观念上去糟粕，纳精华，进而不断升华和成长的过程。

领导干部的思维能力、决策能力等在很大程度上影响着一个企业的发展走向，甚至关乎企业的生死存亡，因此华为的领导干部能否及时对自己的工作进行总结、改善，对华为来说至关重要。华为日益发展壮大，要处理的问题比之从前要复杂许多，在这样的环境下，任正非提出了领导干部尤其要坚持自我批判的号召，以期为华为今后的发展摆正方向。

Business Develop

华为作为一家国内一流的企业，非常主张自我批判的精神，这也体现了华为与其他企业的不同。在华为，思想品德、自我批判能力、领导能力是一个优秀员工的三要素。所谓思想品德指一个员工最基本的素养，体现在对于企业的忠诚度和是否符合一定的道德规范等方面；领导能力是一个人带领和协调下属员工工作的能力。以上两种能力的不断完善是通过自我批判的能力得以实现的，因此自我批判能力是构成一个优秀员工的素质的核心。

自我批判精神作为一个企业走向卓越的重要条件，又会对企业的管理和发展产生怎样积极的作用，有着怎样的意义呢？

首先，有利于完善考核制度。自我批判的精神对完善考核机制是非常有帮助的，因为当考核结果出来的时候，需要的不是评价，而是反思，而能够做到不断完善的动力就是一种自我批判的精神。如果一个员工学会找出考核中存在的不足，也就有了前进的动力，这样考核的目的就达到了，考核制度的价值也就实现了。考核制度能够帮助员工找出自身的不足之处，而员工的自我批判和反思能够检验考核体系是否完善，两者相辅相成，相互促进。

其次，自我批判精神有利于增强企业的生命力。华为有这样一句口号，那就是："根本目标就是活下去。"这句口号最深层次的含义就是让企业能够基业常青，这需要的不仅是坚持、是韧性，更需要科学的管理和创新的意识，而这些目标的实现就需要在长期的管理实践中寻找不足，不断总结经验，也就是要有自我批判的精神，因此自我批判对企业未来的发展和长治久安也起到了重要的作用。

自我批判的精神体现的是一个企业务实、向上和不断完善自我的精神，同样也有利于人力资源的开发和管理，是一个企业战胜困难和危机的有力武器。

不做
昙花一现的英雄

木秀于林，风必摧之。我们越发展，
竞争对手实力越强，竞争就越困难。

繁荣的背后都充满着危机，这个危机不是繁荣本身的必然特性，而是处在繁荣包围中的人的意识。艰苦奋斗必然带来繁荣，繁荣以后不再艰苦奋斗，必然丢失繁荣。千古兴亡多少事，不尽长江滚滚流。历史是一面镜子，它给了我们多么深刻的启示。忘却过去的艰苦奋斗，就意味着背弃了华为文化。我们首先得生存下去，生存下去的充分且必要条件是是否拥有市场。没有市场就没有规模，没有规模就没有低成本。没有低成本、没有高质量，难以参与竞争，必然衰落。

由于十年卧薪尝胆、艰苦奋斗的努力，我们取得了显著的成就，面对国内外越来越多的善意的宣传，我们是否会沾沾自喜，在我们队伍中是否会滋生一些不良的浅薄的习气？华为人的自豪是否会挂在脸上？凭什么自豪？华为人能否持续自豪？我们前进的道路是越来越宽广，还是越来越困难？木秀于林，风必摧之。我们越发展，竞争对手实力越强，竞争就越困难。我们要有长期在思想上艰苦奋斗的准备。持续不断地与困难斗争之后，会是一场迅猛的发展，这种迅猛的发展，会不会使我们的管理断裂？会不会使意满志得的华为人手忙脚乱，不能冷静系统地处理重大问题，从而导致公司的灭亡？事实上摆在我们面前的任务和使命，比以前我们重技术、重销售的时代更加重大而艰难，要全面地建设和管理我们的事业的艰难度要远远大于以前的艰难度，这就要求我们干部要更快地成熟起来。

——摘自《不做昙花一现的英雄》

延伸阅读

任正非曾经说过，在任何荣耀与失败面前，都要平静得像一湖水。这也是任正非所认为的，华为人对于华为现今所取得的成就应有的态度的概括。华为已经取得了为世人所瞩目的成就，为此华为人可以感到骄傲和自豪，但满足于现有的成绩、沾沾自喜，不能把眼光放在更远的地方，企业的发展势必会停步甚至后退。

沾沾自喜是很多中小企业都会遇到的问题。中小企业取得了一定成就后，很容易得到舆论和媒体的关注，人们知晓中小企业获取成功的不易，于是不吝褒奖之词。在一片夸赞声中，很多中小企业就此安于现状，失去了艰苦奋斗、拼搏进取的信念。华为此时正处于舆论关注的焦点中，能否在赞扬中保持华为传统的艰苦奋斗精神，不自我满足，是华为能否继续发展下去的关键。

此外，中、小企业多是什么赚钱就做什么，东方不亮西方亮，这行不赚钱马上改行，依靠船小好掉头，机动灵活而获取利润。但随着企业越做越大，这样以投机的心态做企业，必然要面临企业发展的瓶颈，没有长期的战略规划，企业必然无法做大做强。但着眼长远，就要做出痛苦的选择，割舍一些眼前的利益，放弃一些机会，这对靠机会起家的中、小企业来说无疑是很痛苦的；但没有宏图大志，长远规划，小企业将永远在小企业阵营中徘徊。华为已经成长为国际性的大企业，不能为眼前的小成就所满足，而是应该有更加长远的目标，这是任正非所要传达给员工的思想。

自满往往是企业危机的开始，因此管理者要时刻有忧患意识。

1999年，陈天桥靠他借来的50万元开始了创业之路。2005年，32岁的他就成为华人首富。短短6年间，他一手创建的“盛大网络”资产已逾百亿，并成为中国最大的互联网企业和世界最大的网络游戏公司之一。2008年第三季度财报显示，盛大实现了第11个季度的稳健增长，而且超出行业第二名1.4倍。

盛大能够取得如此巨大的成功，忧患意识是它最好的利器。在外人看来，盛大似乎有花不完的钱，财务状况足够健康。按照陈天桥的描述，盛大没有银行贷款，没有应收账款，每天的现金收入超百万。但陈天桥的心里一直都认同比尔·盖茨的那句话：“微软距离倒闭永远只有14天。”微软尚且如此，何况他的盛大呢！

陈天桥曾说：“在2001年之前，盛大每天都可能死去；在2002年，盛大每个月都可能死去；在2003年，盛大每个季度都可能死去。”在盛大的发展过程中，陈天桥说自己每一年里都承担了别人十年的风险。遭遇过与合作伙伴对簿公堂，遭遇过投资方突然撤资，遭遇过黑客的大规模袭击，也遭遇过竞争对手“举报”所谓的偷漏税……政策、业务、技术风险，盛大始终觉得自己“危机重重”。

人无远虑，必有近忧。陈天桥始终是直面现实又憧憬梦想的清醒者，忧患意识是他的一支清醒剂。在身处的领域中，新的技术每天以加速度变化着。盛大每天在追求机遇的过程中面临着新的危机，同时又在不断解决危机中抓住新的机遇。这就是“盛大”旺盛的生命力量。

所谓高人，往往是比常人多看到三两步，多做了两手准备而已。正如陈天桥所说的：变是常态，不变是非常态。在陈天桥看来，一家企业如果不能在快速竞争的市场中，始终保持小步快跑的速度，就会被市场淘汰。也正是这样的危机意识，使陈天桥带领盛大一次次跨越死亡线，成为国内最大的游戏运营商、最受人尊敬的IT企业。

雄关漫道真如铁，而今迈步从头越

谁能说一大批中国土博士不能成为世界英才？

士气在什么时候应该好？如果士气在市场大发展、红红火火的时候才好，艰难困苦时候就不好，那么谁来完成从艰难困苦到大发展的准备？我个人的看法是，越在最艰难、最困苦的时候，越能磨炼人的意志，越能检验人的道德与良知，越能锻炼人和提高人的技能，也越是我们的队伍建设最重要的时候。检验一个公司或部门是否具备良好的企业文化与组织氛围，不是在企业一帆风顺的时候，而是在遇到困难和挫折的时候，古人讲“患难知人心”，就是这个道理。

我们在市场上还存在非常多的困难，但可喜的是我们的研究队伍一天一天成熟起来。世界许多著名公司看到他们这么年轻就已进入了当代信息科学的前沿，十年之后不好估量，谁能说一大批中国土博士不能成为世界英才？今年我们的研究、中试经费将达到4亿人民币，无论装备还是规模上都从土枪土炮时代开始上升。我们组建一年的中试系统已经开始走上正轨，一批“宽频带、高振幅”的工程专家正在成长，我们推出的新产品，已不像过去那样需要去救火，而且在工艺研究水平、容差设计水平方面，已开始接近国际水平。我们的生产系统正逐步实现全面质量管理，产品的可靠度已大大提高，有力地支援了前方，而且1997年、1998年还超大规模地投资生产设备的改造。小米加步枪时代培养出来的一大批干部已走上了现代管理岗位。我们的管理系统尽管还很薄弱，但采购系统、财务系统、计划审计、行政、服务系统都有较大幅度的进步，管理工程正在推进管理与国际接轨。公司一片新气象，支撑系统基础工作的不断做实，将会给前方有力的支持。我们正在贯彻公司的《基本法》，它将牵引我们从企业家管理走向职业阶层管理。一系列的子基本法将会在明后年产生，具体地指导我们的工作。相信我们一定会顺利度过转型的三年，建成一个内耗小，又充满活力的公司。在21世纪初，我们公司将有2万多员工，如果实现内耗小，活力大，那么我们就有非常强大的竞争实力。如果我们的管理改革，真能在10年内全面与国际接轨，这种潜力的巨大是令人鼓舞的。碳元素平行排列，可以构成石墨，非常松软；而若三角形排列，则可以构成金刚6石，异常坚硬。为了建成这样一种人才和资源的配置结构，我们需要更多的富于自我牺牲精神的干部，他们的实践是我们的榜样，他们言行所产生的榜样力量是无穷的。他们的精神像火凤凰一样永放光芒。

——摘自《在来自市场前线汇报会上的讲话》

延伸阅读

在自家的地盘上，华为要做的是画地为牢，以守为攻，把已有的收益市场封闭起来，让敌人针插不进，水泼不进。守的策略主要是：主动发现并弥补市场缝隙；主动否定自己以提高用户满意度，阻止新竞争者进入；利用产品组合优势封杀对手的进攻机会；主动让利降价，不在价格上给对手以可乘之机；同时在客户关系和服务上主动防守。目的只有一个：不断将收益市场中的地位转化为销售额，同时将收益市场的势能辐射到全国。

在对手的地盘，华为摇身一变为猛烈进攻型，千方百计发动价格战，用一切手段打击对手的利润和销售目标，阻挠其市场进展，逐步挤占空间，最后取而代之。1999年华为进入四川时，上海贝尔在四川的市场份额是90%。刚开始，华为绝口不提销售，主动将自己的接入网免费给客户使用，借此在四川各当地网都布上了点，而当时对手忽略了华为的这个小动作。随后，华为又将接入网的新增点抢了过来，逐渐把点连成了面。网上运行的华为设备数量有了突破性进展后，华为又伺机将接入网的优势顺理成章地延伸到了交换机，最后将华为的交换机变成和上海贝尔交换机并存的第二种制式，跻身主流机型。

Business Develop

日本是一个经济强国，但日本经济发展有一个致命的软肋：能源。日本的能源完全依赖进口，在20世纪70年代，中东石油输出国实行石油禁运，日本遭受重大损失。1973年至1974年间，日本通货膨胀率竟然高达25%，经济出现大幅度下滑。

在这场灾难中，日本很多企业停产或破产，企业员工无所事事，很多人不得不暂时回家。那时，日本基本上全部实行的是终身雇佣制，回家等于休假或待岗。

但是，回到家的员工根本没有心思待在家里，他们又陆续回到企业，清理车间，剪除杂草，或者干点别的事情，不管干什么，都比在家里闲着踏实。而且，他们并不是受他人指派才这么干的，而是自发的，不是为了赚钱，纯粹是出于对企业的忠诚和热爱，他们认为企业出现困难，自己有义务尽力帮助企业。有一位工人在接受记者采访时说，他回到家时，妻子训了他一顿："公司遇到如此大的困难，你怎能安心待在家里呢？"

在遭遇经济危机后，这些曾与企业共患难的员工大部分都成了企业日后发展的主力军，得到了充分的信赖。日本之所以能够成为一个经济强国，之所以能够拥有索尼、松下、本田这些国际知名的大企业，和他们这种与公司共命运的主人翁精神是分不开的。对每一名员工来说，他和企业都是水手与船的关系。在公司这条船上，每个人都肩负着排除任何潜在危险的责任。原因显而易见，行驶在惊涛骇浪中的船是那么地渺小，小事故都可能酿成灾难。一旦我们赖以生存的船只发生危险，那么船上的每个人都难逃灭顶之灾。同样，在公司中，每个人的岗位都是至关重要的，任何一个地方出了疏漏，都可能导致整个企业的“沉船”。作为公司船上的一员，每一名员工都应该努力对自己的工作认真地负起责任，不疏忽每一个可能在工作中出现的错误。

公司的发展要跟得上时代的要求，不然就会被市场大潮所吞没。同样，个人的进步也要跟得上公司发展的步伐；否则，就会跟不上公司前进的节奏，这样，就面临着离开公司之船的命运。因此，在公司这艘船上，员工应当抱着为自己的未来而工作的态度，将工作看成自己事业的一个契机，和公司一起成长，共生共赢，这样才能和公司一起驶向成功的彼岸。

第五章
创新就是在超越自己

在危险中抓住机会，不懈地创新，一次次超越自己，成就华为领先之势。

华为荣耀之——有价值的创新

治大国若烹小鲜，成大局要做小事

“神奇化易是坦途，易化神奇不足提。”

公司实行小改进大奖励，大建议只鼓励的制度。追求管理不断的优化与改良，构筑与推动全面最佳化的有引导的自发的群众运动。

能提大建议的人已不是一般的员工了，也不用奖励，一般员工提大建议，我们不提倡，因为每个员工要做好本职工作。大的经营决策要有阶段的稳定性，不能每个阶段大家都不停地提意见。我们鼓励员工做小改进将每个缺憾都弥补起来，公司也就有了进步。所以我们提出小改进、大奖励的制度，就是提倡大家做实。不断做实会不会使公司产生沉淀呢？我们有务虚和务实两套领导班子，只有少数高层才是务虚的班子，基层都是务实的，不能务虚。务虚的人干四件事：一是目标，二是措施，三是评议和挑选干部，四是监督控制。务实的人首先要贯彻执行目标，调动利用资源，考核评定干部，将人力资源变成物质财富。务虚是开放的务虚，大家都可畅所欲言，然后进行归纳，所以务虚贯彻的是委员会民主决策制度，务实是贯彻部门首长办公会议的权威管理制度。我们应在小改进的基础上，不断归纳，综合分析。研究其与公司总体目标流程的符合，与周边流程的和谐，要简化、优化、再固化。这个流程是否先进,要以贡献率的提高来评价。我年轻时就知道华罗庚的一句话,“神奇化易是坦途,易化神奇不足提”。我们有些员工,交给他一件事,他能干出十件事来,这种创新就不需要,是无能的表现,这是制造垃圾,这类员工要降低使用。所以今年有很多变革项目,但每个变革项目都要以贡献率来考核。既要实现高速增长,又要同时展开各项管理变革,错综复杂,步履艰难,任重而道远。各级干部要有崇高的使命感和责任意识,要热烈而镇定,紧张而有秩序。“治大国如烹小鲜”,我们做任何小事情都要小心谨慎,不要随意把流程破坏了,发生连锁错误。大家在处理相互之间的人际关系上也要保持冷静,稍不冷静就惹麻烦。千万不要有浮躁的情绪,戒骄戒躁,收敛自我,少一些冲动,多一些理智。我们要坚决反对形而上学、幼稚浮躁、机械教条和唯心主义。在管理进步中一定要实事求是,特别要反对形左实右。表面上看做得很正确,其实效率是很低的。

——摘自《华为的红旗到底能打多久》

延伸阅读

任正非坚持创新,认为没有创新才可能是最危险的。在技术上的创新,在管理思维上的创新,在管理手段的创新,在营销策略上的创新始终是华为人孜孜以求的工作目标。

在技术创新方面,华为创业伊始,就以国际先进水平为目标,力求领先于世界。他们立足于当代计算机与集成电路的高新技术,大胆创新,取得一系列突破。每年投入销售额 10% 的资金用于科研开发,装备大量精良的开发设备和测试仪器,并与国内外一些著名大学、研究开发机构和重点实验室建立了长期广泛合作与交流,与国际上知名公司和供应商建立了良好稳定的伙伴关系。

科技领先，使华为跻身于世界少数几家能够提供 CAC08-STP 数字程控交换机设备的巨头行列；在移动智能网、STP、移动关口局、GPRS 等核心网络方面形成领先的优势。实际上，如果没有任正非在企业草创阶段以破釜沉舟的勇气借高利贷进行研发，恐怕华为难以有今天的成就。

正如任正非所说，“创新是华为发展的不竭动力”。而执着进行研发投入的结果就是，2009 年 1 月 27 日，世界知识产权组织（WIPO）在其网站上公布 2008 年全球专利申请情况时表示，“第一次，一家中国公司在 2008 年名列 PCT（全球《专利合作条约》）申请量榜首”。

Business Develop

新思想大多来自顾客，许多革新性的公司都是从顾客那里得到关于产品的最好主意的。向顾客开放，倾听顾客的意见，企业可以采取以下几种方法：

1. 调查客户满意度指数

调查客户的满意度水平，分析调查结果，能够帮助管理人员了解客户的满意或不满意程度有多高。因为指数是定量的，可以把它当作一种有用的工具，把不同时期、不同地点和不同业务单位的结果进行比较。

2. 反馈

为了能够更早地发现错误和更快地解决它们，企业必须建立有效的渠道接受客户的评论、抱怨和提问。当客户感到意见被重视，自然会产生参与经营的感觉，无形中提高了忠诚度。

3. 市场调查

了解客户为什么离去是一件至关重要的事情。向离开的客户展开调查，可以实现两个重要目的：一是切实发现企业在产品或服务中的哪些问题导致了客户的背离；二是最后尝试挽留客户。一家公司发现，仅仅是与离开的客户联系，仔细地倾听他们的意见，就足以让他们中三分之一的人回心转意。

4. 一线员工培训

企业必须对那些直接接触客户的员工进行培训，告诉他们怎样更好地倾听，并学会在客户感受糟糕的体验时迅速采取补救措施。企业还必须建立专门流程，让员工得以记录必要的资讯，然后传播给企业内的其他人员。

5. 战略活动

有些公司走得更远，致力将客户带进企业经营的每个层面。例如，美国西南航空公司邀请飞行常客帮助自己进行空姐的初选。

企业生产的最终目的是要满足消费者的需求，既而获取利益，更多地倾听顾客的声音，从顾客那里寻找灵感，可以有效地帮助企业进行创新，占领市场。

领先竞争对手
半步，恰到好处

我说你创新出来的东西没有商业价值，那就让人类给你发钱吧。

什么是创新？一个是面对全人类来说的，一个是具体面对我们公司来说的。如果人类给你发奖金，你就面对人类去做吧。因为待遇是我们公司给你发的，所以你要面对公司的核心竞争力进行提升，才能给你评价！有人可能不太接受我的观点，说我在做着完全的创造发明，和凡·高的画是一样的，也可能死了多少年之后，一张纸可以卖到2000多万美金，如果你留下遗嘱的话，我们会忠实地将这笔钱转给你的受益人。但我们毕竟是企业，凡·高当时不被社会所接受是受历史的局限和传播产生的影响。而在现实社会中，被埋没的很少，因为我们处在一个信息社会，传播速度很快，你只要有真实想法，人们一定会认识你。所以对创新，具体到我们公司，现阶段就是这样定义的。华为长期还会处于技术实用性研发阶段，大家说我们做了波分复用系统，但我们对光器件有多少了解？和贝尔实验室差了十万八千里，在未来的10年内，我们对光器件和光原理的研究还赶不上贝尔实验室，只有超过它，才叫作对人类的创新。当前，我们的创新是有局限性的，就是提高华为的核心竞争力。有些人很不理解，我做出的东西，明明是最新的爆出冷门的东西，他做出来的大众化的东西，却要给他评出一个创新奖。技术人员不要对技术宗教般崇拜，要做工程商人。你的技术是用来卖钱的，卖出去的技术才有价值。

技术创新到今天，很多人都已经伤痕累累了，为什么？由于互联网及芯片的巨大进步，促进了人们思维的进步，使人大脑的等效当量成千倍地增长。美国只有两亿人口，但是美国却相当于有4000亿个大脑。这些大脑一起运作，产生新的技术、新的知识和新的文化，它会大大超越人类真实需求。因为人类的需求是随生理和心理进步而进步的，人的生理和心理进步是缓慢的。因此过去一味像崇拜宗教一样崇拜技术，导致了很多公司全面破产。技术在哪一个阶段是最有效、最有作用呢？我们就是要去看清客户的需求，客户需要什么我们就做什么。卖得出去的东西，或略略抢先一点点市场的产品，才是客户的真正技术需求。超前太多的技术，当然也是人类的瑰宝，但必须牺牲自己来完成。IT泡沫破灭的浪潮使世界损失了20万亿美元的财富。从统计分析可以得出，几乎100%的公司并不是技术不先进而死掉的，而是技术先进到别人还没有对它完全认识与认可，以致没有人来买，产品卖不出去却消耗了大量的人力、物力、财力，丧失了竞争力。许多领导世界潮流的技术，虽然是万米赛跑的领跑者，却不一定是赢家，反而为“清洗盐碱地”和推广新技术而付出大量的成本。但是企业没有先进技术也不行，华为的观点是，在产品技术创新上，华为要保持技术领先，但只能是领先竞争对手半步，领先三步就会成为“先烈”，明确将技术导向战略转为客户需求导向战略。

——摘自《华为公司的核心价值观》

延伸阅读

在技术创新方面，华为也曾经吃过大亏。曾经由于华为研发人员片面追求技术进步，导致技术研发严重脱离市场。结果设计生产出来的产品有的需要花大力气维修，而维修成本远高于重新生产的成本；有的由于买不到合适的配件，无法制成成品，导致很多板材变成了一文不值的废品。

在这种情况下，任正非发表讲话端正了企业研发人员的创新态度，并召开了一场由全体员工参加的"反幼稚"运动大会。在会上他再三强调，企业的创新必须始终以市场为导向。在技术上，盲目创新和过度创新都是不可取的。技术并非越先进越好，其先进性必须以市场为导向，以消费者为目标。否则，会导致产品的技术"过剩"，在市场上未必会获得最佳的经济效益。在会议结束前，任正非将所有作废的板材作为奖金全部发放给了那些导致失误的研发人员，要求他们摆在自家的客厅里，时刻提醒自己：因为研发、设计的幼稚，导致公司遭受了多么大的损失。

在此基础上，华为曾制定一条硬性规定：为了避免研发人员只追求技术先进而缺乏对市场的敏感，每年研发部门必须安排5%的研发人员转做市场。同时有一定比例的市场人员转做研发。久而久之，华为逐渐形成了一种以市场需求为导向的实用文化。事实上，华为大多数获得市场成功的产品，并不是凭借技术的先进性，而是依靠其受市场欢迎的实用性。

华为曾经遇到过这样的事情——有某些厂家的设备，由于在设计中没有充分考虑可扩充性，导致该设备成为"孤岛"，无法与后来的设备融合，无法更新，这样的设备，除了报废，没有别的办法，这显然造成了大量浪费。

在华为公司内部也一样，由于很多技术的研发平台都是一样的，如果各项技术的研发过程没有充分沟通，没有做到资源共享，就很容易造成资源浪费。因此，任正非要求华为尽快建立起功能强大的资料共享平台，及时保存各种研发资料，更新各种信息。在技术研发中，要充分考虑到该技术的可延续性，以及可扩充性，以免成为没有发展潜力的技术。

“技术市场化，市场技术化”是指技术的创新要适应市场的变化。随着时间的推移，技术更新越来越快，对技术公司来说，贴近市场进行研发是必需的，但问题是技术进步得如此之快，以致市场化的步伐远远落在后面。如果一个技术不能转化成产品，也就只能由研发人员自娱自乐了；而且即使转化成产品，也未必会被广泛采用，因为更新产品是需要很高的成本的，因此西方国家普遍还是使用不那么先进的设备。

Business Develop

2000 年，在美国纳斯达克股市上市的高科技企业铱星公司宣布破产就是因为技术先进而市场尚未成熟，导致成本过高、市场竞争力下降的一个典型例子。铱星系统使用的是 20 世纪 90 年代初期发展起来的新技术，为此铱星公司还获得了 1998 年《大众科学》杂志年度 100 项最佳科技成果奖中的电子技术奖。但相对于当时普遍流行的移动电话技术，该系统在技术上存在着手机过重、信号不稳定等问题。而为了开发维护这一技术，铱星公司投入了 50 多亿美元，花费了每月 4000 万美元的财务费用。高成本的技术导致铱星手机定价高昂，得不到用户的支持，铱星公司空有超前的技术，却吸引不到消费者，最终只能面对破产的结局。

在企业实际的经营发展中，最好的技术、最好的研发固然是其核心竞争力的表现，但缺乏市场营销的产品很难转化为市场需求，产品投放市场后如果得不到消费者的认同，造成了滞销的情况，导致巨额的研发和生产资金难以收回，势必会在很大程度上使企业遭受损失，甚至影响企业的品牌形象以及长远发展。因此建议企业在进行技术创新研发的同时，注意以下事项：

首先，切忌盲目追求技术领先。

即使在新产品开发至关重要的高科技行业，技术领先策略也未必是取得商业成功的唯一要素。相反，企业应该考虑的是如何最经济地确定、获取并整合某项技术，缩短产品开发周期、降低成本以及提高可靠性和安全性。

其次，在成熟领域投入太多精力进行开发没有太大意义。

一些企业经常会花费时间和精力用于维持过去曾经为本企业带来竞争力的基础性旧技术。事实上，竞争对手大多已经拥有了这些技术，或者可以很容易从市场上获得该技术，这样，保持该项技术的领先地位实际上已经没有意义。

再者，企业应按“因厂制宜，扬长避短”的原则选择合适的技术和设备。

我国自 20 世纪 80 年代以来的一些技术改造和引进设备的现象表明，我国有相当数量的企业在一定程度上存在着赶超情结，即只要资源条件允许，便倾向于采用最先进的技术和设备，意在“缩短同国际先进水平的差距”。但事实上，这样取得成功的企业并不多。企业想要成功，就要结合自身情况吸收引进的设备和技术。

很多企业会存在这样的认识误区：技术、设备越先进越好，生产出来的东西越领先越好，却不知这种误解很可能会使企业陷入泥沼无法自拔。创新要以市场需求为依托，技术和设备要为生产现状服务，脚踏实地才是企业创新最稳妥的选择。

有实际应用价值的创新可以缔造传奇

把“知本”留给我们，好好研究相互之间的关系，以指导我们解决现实问题。

《基本法》不是为了包装自己而产生的华而不实的东西，而是为了规范和发展内部动力机制，促进核动力、电动力、油动力、煤动力、沼气动力等各种力量沿着共同的目标努力，是使华为可持续发展的一种认同的记录。因此，各部门不必向外宣传《基本法》，革命是不能输出的。只有人家需要了解，我们才可以交流。我们是功利集团，一切都是围着目标转的，没有我们的目标，去交流，是没有实际意义的，这就是搬石头与修教堂的关系。您愿意用业余时间热情地去研究、宣传，它也不能掩盖您工作上的失效。您做不好本职工作，实质上就是没有学好。这就是既要努力学习，又要做实。不去做实，就没有必要学习。我们的目的是实现公司的发展，“知本论”，我们把“论”留给社会学家，把“知本”留给我们，好好研究相互之间的关系，以指导我们解决现实问题。《基本法》不是万能良药，当它去解决问题的时候，碰到的是矛盾的两方面，对立又统一，这是痛苦的。例如分配，在原则上您拥护，当您是部门一把手时，您非常痛苦，您怎么去拉开差距。每个部门是否有勇气把后进员工，以及工作能力不适应在本部门工作的员工交给人力资源部重新分配。这个一把手不会对《基本法》有赞美之词，而是感到太合理、太深刻，以致他难有情面，难以“做人”，他真正学明白了，所以学明白了的人就不会有一大堆赞美。因此，每个人好好想一想，您明白了哪一点，就写哪一点，不要堆砌赞美辞藻，以浪费我们删去您空洞赞美的时间。对立的统一使人痛苦，只有没有深入其境的人才感到兴奋。

——摘自《华为的红旗到底能打多久》

延伸阅读

华为技术有限公司，一个总部设在中国深圳的国际电信设备商，2008 年提交了 1737 项 PCT 国际专利申请，超过了第二大国际专利申请大户松下（日本）的 1729 项，和皇家飞利浦电子有限公司（荷兰）的 1551 项。

在国内，华为已连续 6 年蝉联中国企业专利申请数量第一，其所申请的专利绝大部分为发明专利，连续 3 年保持中国发明专利申请数量第一。截至 2008 年 12 月底，华为累计申请专利 35773 件。中国没有几个企业能如华为一般十数年坚持进行年均数亿甚至数十亿的研发投入，并坚韧地与规模百倍于自己的跨国企业在竞争中成长。我国 PCT 申请量位居世界前列的仅有华为和中兴，而仅华为一家公司的 PCT 申请量就占我国申请总量的一半，其余企业 2007 年的公布量均不足 30 件，全球排位均在 500 名之外；而美国、日本分别有 19 家、13 家企业跻身全球 50 强。这样辉煌的创新成果，是任正非对于技术创新重要意义的领悟的结果；是不惜巨额亏损、大胆投入的结果；是踏准电信技术的演进道路，倾尽全力的结果；是数以万计的研发队伍夜以继日、默默探索的结果。

胆怯会畏缩不前，缺乏眼光会因循守旧，真的勇士，才敢于披荆斩棘，以无比的勇气和智慧，开拓出属于自己的天空。由于创新，华为才能够与跨国企业在同一平台上竞争，取得发展机遇；由于创新，华为才有效规避了企业发展中的故步自封的风险；由于创新，华为才真正变成了一家被竞争对手认为值得敬重的企业；由于创新，华为才拿到了通往国际的通行证。

Business Develop

任正非一向强调企业的研发要结合市场需要，要有实际应用价值，要实实在在地掌握知识，而不是纸上谈兵，说一些高深的论断，却不能付诸生产。

很多专利权人、科研单位都知道，要促进科技成果转化必须做到：优化政策环境，保障科技成果转化；筑巢孵化，加速科技成果转化；创新机制，实施科技成果转化这三大措施。但是，要真正提高科研成果转化，不能只掌握以上理论知识，还要确实做好以下工作：

首先，促进科技成果转化要加大资金的投入。一是政府应该加大资金对科技转化的投入，特别是严格执行国家相关政策，落实科技三项费用；二是要建立风险投资金融机构，并正常运转；三是要进一步加大政策宣传力度，鼓励企业加大科技投入，鼓励科技人员致力科技成果的转化。

其次，促进科技成果转化要加大人才队伍建设。我们要努力在人才政策上下功夫，做好人才的引进工作、安居工作和创业工作，要形成真正创业、创得成业的良好环境，让科技人才在工作中感到少有所为，老有所得，心情舒畅。

再次，促进科技成果转化还要加大中介机构培育。政府要出台相关政策措施，鼓励、引导和支持中介组织的发展，形成科技成果转化推广的健全体系。

最后，科技成果能否转化为生产力还取决于科研人员是否依据现有市场需要和生产力水平进行研发，与现有市场脱节的研发成果只能成为浪费资源的项目，没有实际的应用价值。

企业的最终目标是生产出能够实现价值的产品，赢得顾客并获取利润。只有能将所学知识应用到实践中来，取得成果的人，才是企业所需要的人才，这样的项目才值得企业大力支持。因此企业管理者和技术人员在进行研发时，切记结合理论与市场实际，做出有意义的成果。

创新是改造旧东西，而不是创造新东西

华为公司拥有的资源，你至少要利用到70%以上才算创新。

后来人比先行者更优秀，在于后来人是踏着先行者探索的足迹前进的，更容易成功。“神奇化易是坦途，易化神奇不足提”，数学家华罗庚这一名言告诫我们不要把简单的东西复杂化，而要把复杂的东西简单化。那种刻意为创新而创新，为标新立异而创新，是我们幼稚病的表现。我们公司大力倡导创新，创新的目的是什么呢？创新的目的在于所创新的产品的高技术、高质量、高效率、高效益。从事新产品研发未必就是创新，从事老产品优化未必不能创新，关键在于我们一定要从对科研成果负责转变为对产品负责，要以全心全意对产品负责实现我们全心全意为顾客服务的华为企业宗旨。

盲目地自以为是创新，认为做点新东西就是创新，我不同意这个看法。什么叫作客户满意度？客户的基本需求是什么？客户的想法是什么？未经科学归纳就把客户的想法变成了产品，而对客户的基本需求不予理会，产品自然做不稳定。付出了巨大努力，找到了其中的规律，就是创新。特别是我们研发系统，一个项目经理上台以后，生怕别人分享他的成果，因此就说这个产品的所有东西都是他这个项目组研究

的，像这样的人不能享受创业与创新奖。华为公司拥有的资源，你至少要利用到70%以上才算创新。每一个新项目下来，就应当是拼积木，只有最后那一点点才是不一样的，大多数基础都是一样的。由于一些人不共享资源地创新，导致我们很多产品进行了大量的重复劳动，根本就不能按期投产，而且投产以后不稳定。有些项目研发的时候连一个简单东西都自己开发，成本很高，这不是创新，而是消耗、浪费公司的宝贵资源。一个大公司，最能体现降低成本的措施就是资源共享。人家已经开发的一个东西我照搬过来装进去就行了，因为没有技术保密问题，也没有专利问题，装进去就行了，然后再适当做一些优化，这样才是真正的创新。那种满脑子大创新的人实在是幼稚可笑的，是没有希望的。我们非常多的高级干部都在说空话，说话都不落到实处，“上有好者，下必甚焉”，因此产生了更大一批说大话、空话的干部。现在我们就开始考核这些说大话、空话的干部，实践这把尺子，一定能让他们扎扎实实干下去，我相信我们的淘汰机制一定能建立起来。

——摘自《共享资源的创新才是真正的创新》

延伸阅读

任正非认为，企业发展是作为一个整体，所有员工奋斗的共同目的都是推动企业成长。有着共同奋斗目标，共享研究成果，避免无谓的时间、资源浪费则成为自然而然的事。

任正非是一个不自私的人。华为的发展如此迅猛，与他的不自私关系极大。正因这种大智慧，华为得以吸引众多优秀人才，得以为他们提供优异的学习与工作条件，并在收入方面大力倾斜于有突出贡献的人员，从而令华为的创新能力有了基本的保证，市场开发有了重要的人才基础。如果曾经有人认为民营企业家有所谓的“原罪”，那么至少在任正非这里，是不存在原罪问题的。他是具有理想色彩的、具有战略高度的企业家。

除了共享发展成果，任正非还很重视员工们对于发展思维的共享。《华为基本法》的推出过程，其实就是任正非将自己的经营理念和价值观传递给华为管理层的过程。正是这种共享精神，共同提高的精神，令华为能够与时俱进，共创辉煌。为了提高管理人员的综合能力与思维视野，任正非曾经请大学教授向华为总监级以上人员授课。其中从北大哲学系和中国科学院聘请的 8 位专家教授，他们授课的内容既包括传统的东方文化与哲学思想，如“周易与思维方式”“老庄的智慧”等，也包括“新教伦理与资本主义精神”“回到轴心时代”等西方哲学思想。任正非希望借此开拓高层的视野，重塑其思维模式，为管理变革的深入打下思想基础。

随着科学研究活动的不断深入，科技的发展出现了明显的综合性特征，表现为同一学科内部分工越来越细，要求单个的科学工作者联合起来，共同完成一项复杂的任务。同时，由于不同学科的交叉，科学需要不同学科科学家的联合，需要不同部门科学家的通力合作。

Business Develop

华为有很多做法是非常有效的，任正非信奉的就是实用主义。国外的好东西统统拿来，他就是模仿、学习，在这个基础上创新。这种模式对于他去追赶和超越别人是一种最好的方式。模仿也是学习，对学习者或企业来说，模仿是避免企业多走路、走弯路的捷径。没有模仿就没有创新，不懂模仿就不懂创新。从某种角度可以说创新就是一定程度的模仿。对企业来说，模仿相对安全一些，因为模仿是顺着别人成功的路走的，遭遇阻力与失败的风险较小。创新这个词说起来简单，但是实际操作起来却需要付出极大的代价，需要承担巨大的科研经费和有可能失败的危险；模仿则可以让我们的企业站得更稳、走得更快。

很多国内汽车企业都是从模仿别人的车型开始起步的，虽然一路上磕磕碰碰，甚至有不少的官司和知识产权方面的纠纷，但随着销量的增大，我们欣喜地看到这些民族品牌开始逐渐变强大了，而且逐渐加大在汽车产业研究和开发方面的投入，开始有一些自己的专利技术。

我国企业发展慢了别人不只半拍，现在全国都在讲企业转型，但是在创新和发展之间的确存在着一个巨大的断层，这个断层需要模仿来衔接。尤其是在企业资本及技术积累的初级阶段，学习“山寨”精神以模仿起步，发挥草根企业敢想敢做的创新精神，准确把握消费者需求，采取准、快、狠的市场策略迅速突围，站在巨人的肩膀上进行超越，从而进一步走上自主品牌之路，这是从中国制造走向中国创造的一条相对可靠的路。

高端的核心技术
引领华为走出国门

掌握核心，开放周边，使企业既能快速成长，又不受制于人。

我们重视广泛的对等合作和建立战略伙伴关系，使自己的优势得以提升。我说和平与发展是国家之间的主旋律，开放与合作是企业之间的大趋势，大家都考虑到未来世界谁都不可能独霸一方，只有加强合作，你中有我，我中有你，才能获得更大的共同利益，所以很多合作伙伴愿意给我们提供一些机会。这种广泛对等的合作，使我们的优势很快得到提升，可以迅速推出很多新的产品，使我们能在很短时间提供和外国公司一样的服务。没有基础技术研究的深度，就没有系统集成的高水准；没有市场和系统集成的牵引，基础技术研究就会偏离正确的方向。我们一定要搞基础研究，不搞基础研究，就不可能创造机会、引导消费。我们的基础研究是与国内大学建立联合实验室来实施的，我们的预研部，只有在基础研究出现转化为商品的机会时，才大规模扑上去。

但只有基础研究是远远不够的。我国引进了很多工业，为什么没有形成自己的产业呢？关键核心技术不在自己手里。掌握核心，开放周边，使企业既能快速成长，又不受制于人。

举个例子，华为将作为世界大传输厂商角逐于世界市场，为什么？传输的芯片是我们自己开发的，使用的是0.35μ的技术，而且功能设计比较先进。可以肯定，在2.5G以下我们做得比国外的好。例如华为在新一代传输体制SDH中展现出强大的活力，2.5G以下级别交叉能力是全世界最强的，实现了低阶全交叉连接功能，十分适应中国电信网络复杂的需求。在自行设计的芯片中，完成的复杂数字运算功能，大大地提高了光同步传输设备的业务接口在抖动、飘移等方面的指标特性。支撑网中适应高精度定时要求的网同步技术，延伸了SDH设备在节点数和距离方面的应用。

只有拥有核心技术知识产权，才能进入世界竞争，我们的08机之所以能进入世界市场，是因为我们的核心知识产权没有一点是外国的。

——摘自《华为的红旗到底能打多久》

延伸阅读

"在全球经济低迷的背景下，华为仍坚持加大研发投入，2009年研发费用达到人民币133亿人民币，同比增加27.4%。"华为研发人员占公司总人数的46%，并在美国、德国、瑞典、俄罗斯、印度等地设立了17个研究所，还与领先运营商成立近20个联合创新中心。华为研究所可以说是辐射、支撑到全球各个片区。现在的华为总部仅是一个行政、研究总部的一个根据地、信息枢纽中心了。

Business Develop

知识产权或称智慧财产权指对所拥有的知识资产的专有权利，一般只在一定时间期内有效。智力创造，如发明、文学和艺术作品、商业中使用的标志、名称、图像以及外观设计，都可被认为是某一组织或个人所拥有的知识产权。

保护知识产权可刺激经济的增长，近年来很多新兴产业（如信息产业等）的发展都是受益于知识产权保护。华为在知识产权方面一直走在国内企业的前面，虽然 2003 年经历过和思科的知识产权风波，但华为在知识产权的保护方面和对其他公司知识产权的尊重方面日臻完善。

西方国家的企业尤其是跨国公司，深谙知识产权游戏规则。而我国企业由于历史原因，知识产权意识普遍淡薄。我们往往义愤填膺于领土、领海被人占领，而对外国企业在我国知识产权领域里的“跑马圈地”，却茫然不知或者知之甚少，更很少会意识到其潜在的危险。一场没有硝烟的战争，正在这个无形的领域里悄然进行。

外国企业在我国积极进行“知识产权布局”。在技术领域，国外公司在我国“专利圈地”。在诸如数码相机、DVD、数字电视、MP3、手机、生物制药、数控机床、汽车、电子计算机等领域，知识产权已基本为他们所掌控。在商标方面，国外品牌纷纷登陆中国，其触角已经伸向各个行业，我国大量企业已沦为他们贴牌生产的代工者，我国原有的知名品牌纷纷被挤出市场和面临被侵吞危险。在版权方面，以微软计算机操作系统为例，他们已基本实现知识产权的垄断控制，“微软黑屏事件”带给我们的震撼，至今回荡于胸。

然而，我国绝大多数企业还没有意识到这一点，没有形成自己的知识产权优势。据国家知识产权局的一项大型调查显示，我国 98.6% 的企业没有申请过专利。在商标方面，我国的一些知名商标在海外被抢注，“被抢注清单”令人触目惊心。只有坚定不移地实施知识产权战略，我国的企业才能在参与世界市场竞争中拥有自己的市场控制权和话语权，企业才能做大、做强、做持久。

第六章 构建均衡、有活力的管理体系

把握市场需要，构建均衡、有活力的管理体系，决定了企业未来的高度发展，使企业在同行业中总处于领先地位。

华为荣耀之——完备的体系

华为的标准
就是让客户满意

要坚持对客户的长远的承诺，对优良供应商的真诚合作与尊重。

我们必须以客户的价值观为导向，以客户满意度为标准，公司的一切行为都是以客户的满意程度作为评价依据。瞄准业界最佳，以远大的目标规划产品的战略发展，立足现实，孜孜不倦地追求、一点一滴地实现。客户的价值观是通过统计、归纳、分析得出的，并通过与客户交流，最后得出确认结果，成为公司努力的方向。沿着这个方向我们就不会有大的错误，不会栽大的跟头。所以现在公司在产品发展方向和管理目标上，我们是瞄准业界最佳，我们制订的产品和管理规划都要向它们靠拢，而且要跟随它们并超越它们。如在智能网业务和一些新业务、新功能上，我们的交换机已领先于西门子了，但在产品的稳定性、可靠性上我们和西门子还有差距。我们只有瞄准业界最佳才有生存的余地。

要坚持对客户的长远的承诺，对优良供应商的真诚合作与尊重。客户的利益就是我们的利益，通过使客户的利益实现，进行客户、企业、供应商在利益链条上的合理分解，各得其所，形成利益共同体。

以客户满意度为企业标准，孜孜不倦去努力构建企业的优势，赢得客户的信任。

我们认为，客户的利益就是我们的利益。我们从产品设计开始，就考虑到将来产品的演进。别的公司追求产品的性能价格比，我们追求产品的终生效能费用比。为了达到这个目标，我们宁可在产品研制阶段多增加一些投入。只有帮助客户实现他的利益，在利益链条上才有我们的位置。

——摘自《华为的红旗到底能打多久》

延伸阅读

任正非曾经教导华为人，从企业活下去的根本来看，企业需要有利润，但利润只能从客户那里来。既然决定华为生死存亡的是客户，为华为提供生存价值的是客户，华为就必须为客户服务。所以需要聚焦客户的需求，提供有竞争力的通信解决方案及服务。

如今，在一个充满竞争的市场环境下，客户对产品的要求越来越挑剔。客户不仅希望产品的价格低，而且对产品的质量也有严格的要求，即希望产品“物美价廉”。相对价格差异不大的产品来说，质量的高低左右着客户的选择。优质的产品是品牌建立的先决条件，例如，在体育用品市场上，耐克、阿迪达斯等国际品牌在中国市场上的市场占有率远远高出国内体育用品品牌，这些品牌之所以能在客户中拥有良好的口碑，很大程度上是因为它们质量过硬。华为在创立初期，由于技术不太过关、生产过程大意等原因，导致一些产品的质量不是非常稳定，经常要派技术人员前去“救火”，这样，既造成用户的抱怨，导致对华为品牌的负面评价，又浪费了大量人力、物力。因此，任正非非常重视产品质量的稳定性，把产品的质量看作公司的生命。

企业想要彻底地了解顾客的需求，是一件很困难的事情，所以很多优秀的企业都非常看重市场调查。

增强顾客对公司商品的信任度和兴建超级商场，是克罗格杂货与面包公司安然度过大萧条和反连锁店运动的两张王牌。到 1935 年，公司已拥有 50 家超级商店。第二次世界大战结束后，约瑟夫·霍尔出任克罗格杂货与面包公司总裁。这位以创新著称的企业家揭开了公司发展史上新的一页。

霍尔将公司更名为克罗格公司，并引进 45 种公司专卖商标，以加深顾客对公司商品的印象。顾客调查活动是霍尔亲自主持的一项重大改革措施，霍尔认为："对公司发展什么商品、增加哪些服务、使用什么销售手段等问题最有发言权的是顾客。"

为此，他在所有现金出纳机旁安装了顾客"投票箱"。顾客可以把自己对克罗格公司的意见和建议投入箱中，如需要哪种商品、哪种商品应如何改进、需要什么专项服务等。每一张"票"上都留下顾客的姓名和联系地址，一旦该顾客的建议被采纳，他就可以终身免费在克罗格公司的商店里享受该种服务或购买该种商品，还可以获得公司赠送的优惠折扣消费卡，在购买任何商品时都享受减价优待。

"投票箱"深受顾客欢迎，提建议者络绎不绝。克罗格公司就根据顾客的建议不断改进，使公司每一项新出台的措施、每一种新上市的商品都获得成功。公司的经营覆盖区域扩大到得克萨斯、明尼苏达和加利福尼亚等州。1952 年，其销售额突破 10 亿美元大关。

赫林把公司设立的顾客"投票箱"称为"科学的市场调查法"，他要求公司的员工要"像满足情人的要求"那样去满足顾客的要求。克罗格公司的企划、广告、革新都是根据顾客的意愿来进行的。例如，克罗格公司率先在易腐烂商品的包装上注明有效期、推出无污染的“绿色食品”、在富强粉食品中增加面粉精加工过程中易损失的营养物质等。

把握市场需要，不断推陈出新，是企业竞争胜利的关键所在。尤其对那些只经营单一产品的企业而言，不断推出满足目标顾客需求、具有吸引力的新产品，才能够使企业在同行业中总处于领先地位。克罗格公司之所以能够赢得顾客的长久信赖，获得持续成功，关键就在于与顾客的零距离接触。只有接触顾客，才能更好地满足顾客的需求，这就是克罗格公司的成功所在。

节约不该省的钱
就是在浪费

华为生存下来的理由是为了客户。

华为生存下来的理由是为了客户。我们说客户是华为之魂，而不是一两个高层领导。建立客户价值观，就是围绕着客户转，这样会变得流程化、制度化，所以，普遍的客户关系要推广。对研发所有的副总裁级人员也要建立每周有几次见客户的制度。研发副总裁的人员名单要报到客户群管理部，客户群管理部要把对他们的考核交到研发干部部。坚持与客户进行交流，听一听客户的心声，我们就能了解客户好多想法。我们今天之所以有进步，就是客户教我们的。不断地与客户进行沟通，就是让客户不断帮助我们进步。

每一个客户经理、产品经理每周要与客户保持不少于5次的沟通，当然，还要注意有效提高沟通的质量。要重视普遍客户关系，这也是我们的一个竞争优势。普遍客户关系，是对所有部门的要求，坚持普遍客户原则就是不要认为对方仅是局方的一个运维工程师就不做维护、介绍产品。一定要加强普遍的客户沟通，要把普遍沟通的制度建立起来。有人说省局见不到人，到县局去总可以吧；有人说到县局多花汽油费。我们宁可多花汽油费，也不能停下来，也要沟通。我们建立了到县局沟通的制度，就一定要执行下去。新员工找不到地方磨枪，就到县局去，他不到县局去，怎么能找到地方磨枪啊？他不磨枪就是锈枪，以后怎么能用啊？！不要认为我们要讲节约，不下去跑能省钱。讲节约是讲在不需要浪费的地方的节约，不该省的费用就不能省。作为一个产品经理、客户经理，不能装一肚子学问却不见客户，必须要通过交流来巩固加深客户对我们的认识。

——摘自《胜利就是活下来》

延伸阅读

2000年春节，黑龙江的一个本地网交换机中断，网上运行着多种机型，不知道问题出在哪个厂家的设备上。华为的技术人员在一天内从深圳赶到黑龙江，发现问题不在华为。而出问题的厂商迟迟没有回应，于是华为将自己的接入网改接到另一路由，问题修复了，这让用户非常感激。《华为基本法》第二十五条规定："华为向顾客提供产品的终身服务承诺。我们要建立完善的服务网络，向顾客提供专业化和标准化的服务。顾客的利益所在，就是我们生存与发展的最根本的利益所在。我们要以服务来定队伍建设的宗旨，以顾客满意度作为衡量一切工作的准绳。"如今，华为公司已成立中东、北非地区技术服务培训中心，为埃及及其周边国家培养了大量电信专业人才，并提供有力的技术支持，实现了为该地区客户长期服务的承诺。如今，华为的地区客户代表处已遍布亚、非、欧、美等地区，较为完善的服务体系是供应链条正常运转的保障。

Business Develop

企业的战略制定应该来自顾客的需求，只有以顾客的需要为导向，以占领市场为导向，不断地创新，企业才能更好地生存和发展。德鲁克说："企业不是要去改造顾客，而是要满足顾客。缺乏市场意识是大多数新企业的通病，在企业的早期阶段，这是最严重的问题，有时甚至会永久地阻碍那些幸存下来的新企业的发展。”

正如人们常说的“不是环境来适应你，而是你要去适应环境”，企业的产品和服务是由顾客决定的，而不是企业本身。不要试图去改造顾客，而要去适应顾客、满足顾客。

顾客永远都是没有错的，不要在产品卖不出去的时候找借口，也不要在不能满足顾客需求时试图改变顾客去接受你的产品。企业要不断改善产品和服务给顾客带来的效用。如果管理者意识不到顾客更需要什么样的产品和服务，企业的可持续发展就很危险了。

以顾客需求为导向是市场营销的永恒主题。尤其是对刚刚走入市场却又面临知识经济时代挑战的企业来说，唯一的出路就是彻底转变思想，努力适应顾客的需求。

适应顾客需求，一般来说有两种情况。第一种情况是消极被动适应。就是简单地追随市场需求，紧盯顾客的眼前需求，走在顾客的后面，亦步亦趋。此种方式不能适应顾客变化多端的需求，这已为营销实践反复证明。因此，它不能从根本上适应顾客的需求。第二种就是积极主动适应，它主张在市场调研的基础上，把握顾客需求的现状及其变化趋势，走在顾客的前面，主动引导顾客。只有这样才真正适应顾客的需求。

按模板做事
就是最好的优化

业务为主导，就是要敢于创造和
引导需求，取得“机会窗”的利润。

我们要继续坚持业务为主导、会计为监督的宏观管理方法与体系的建设。什么叫业务为主导？就是要敢于创造和引导需求，取得“机会窗”的利润。也要善于抓住机会，缩小差距，使公司同步于世界而得以生存。什么叫会计为监督？就是为保障业务实现提供规范化的财经服务，规范化就可以快捷、准确和有序，使账务维护成本降低。规范化在服务的过程中也完成了监督，要把服务与监控融进全流程。我们也要推行逆向审计，追溯责任，从中发现优秀的干部，清除沉淀层。以业务为主导，会计为监督的管理模式，就是要为推行区域、业务的行政管理与统一财务服务的行政管理相分离做准备。

我们认为规范化管理的要领是工作模板化，什么叫作规范化？就是我们把所有的标准工作做成标准的模板，工作就按模板来做。一个新员工，能看懂模板，会按模板来做，就已经国际化、职业化，以现在的文化程度，三个月就掌握了。而这个模板是前人摸索几十年才摸索出来的，你不必再去摸索。各流程管理部门、合理化管理部门，要善于引导各类已经优化的、已经证实行之有效的工作模板化。清晰流程，重复运行的流程，工作一定要模板化。一项工作要达到同样绩效，少用工，又少用时间，这才说明管理进步了。我们认为，抓住主要的模板建设，又使相关的模板的流程连接起来，才会使IT成为现实。在这个问题上，我们要加强建设。

——摘自《华为的冬天》

延伸阅读

由于政治、经济等各方面原因，中国企业在同国外大企业竞争的过程中，技术落后无疑是一个明显的劣势。任正非感慨万千：“华为成立之初十分幼稚，选择了通信产品，没想到一诞生就在本国遇到了最激烈的国际竞争，竞争对手是拥有数百亿美元资产的世界著名公司。”但是，华为在面对强大的竞争对手时并没有退缩，而是奋起直追，加大对产品研发的投入和开发。经过多年的努力，华为的产品已经在市场上拥有了相当强的竞争力，公司客户也遍及亚洲、非洲、欧洲以及美洲。但是，任正非清醒地意识到，在电信基础技术研究领域，中国企业是没有优势的，以前没有，现在没有，但将来可能会有。在现阶段，华为的生存和发展，除了继续在产品上不断创新之外，优良的管理和良好的服务必不可少。

早期任正非更多的是把规范化管理等同于制度化管理，或叫标准化管理。尽管规范化管理最终也要落到制度层面上，通过规章制度来实施，但制度化管理仍远不等于规范化管理。但在随后的发展过程中任正非逐渐认识到，规范化管理是针对中小企业管理的随意性大、许多流程没有制度、标准而言，企业要引入现代管理制度，把人治变为法治，从主观到客观，必须建立管理的标准体系。建立这些标准体系的一系列活动就是管理的规范化。规范化除制度化外还需要几方面的配合，规范化企业不能做什么是一种方式，企业应该怎么做才是实质，这是企业规范化的核心，但还需要流程化、标准化、表单化、数据化来配合，才显得制度化是完整的规范化。一些早期成功的做法应保留下来，一些历史数据应保留下来做考核依据，将内部的做法进行总结、提炼，完全从外部导入一些制度对企业是没有好处的。

Business Develop

目前，中国企业仍处在职业化管理的初级阶段，许多企业都希望通过管理体系的规范化、标准化来推进职业化管理。

正如盖房子要先打地基一样，企业管理的地基就是规范化管理。作为企业管理地基的规范化管理如同六根支柱的六个系统构成，只有把这六根支柱深深地打入“地下”，企业大厦才会稳固。规范化管理的六个系统分别是：战略规划的规范、程序流程的规范、组织结构的规范、部门岗位设置的规范、规章制度的规范、管理控制的规范。

企业规范化管理，也需要制度化，也需要标准化，但它的重点在于为企业构建一个具有自我免疫、自动修复的机能。也就是说，使企业组织形成一种内在的自我免疫功能，能自动适应外部环境的变化，能抵御外部力量的侵害。并且当企业组织在发展过程中遭遇外部创伤后，能自动地修复愈合，使企业实现持续稳定的发展。或者说，它赋予企业组织一种生命力，让企业像一个生命有机体一样，当企业组织发生创伤和病变后，具有自动愈合、自动产生抗体抵御病源，恢复健康的机能。现实中绝大部分走向衰落的企业，之所以会因为很小的挫折，就导致企业组织分裂解体，其原因就在于它没有这种自我免疫和自动修复的机能。

解决
系统中的“短木板”

在管理改进中，一定要强调改进我们木板最短的那一块。

我们怎样才能活下来？不能靠没完没了的加班，所以一定要改进我们的管理。在管理改进中，一定要强调改进我们木板最短的那一块。各部门、各科室、各流程主要领导都要抓薄弱环节。要坚持均衡发展，不断地强化以流程型和时效型为主导的管理体系的建设，在符合公司整体核心竞争力提升的条件下，不断优化员工的工作，提高贡献率。为什么要解决短木板呢？公司从上到下都重视研发、营销，但不重视理货系统、中央收发系统、出纳系统、订单系统等很多系统，这些不被重视的系统就是短木板，前面干得再好，后面发不出货，还是等于没干，因此全公司一定要建立起统一的价值评价体系。统一的考评体系，能使人员在内部流动和平衡成为可能。比如有人说我搞研发创新很厉害，但创新的价值如何体现，创新必须通过转化变成商品，才能产生价值。我们重视技术、重视营销，这一点我并不反对，但每一个链条都是很重要的。研发相对用服来说，同等级别的一个用服工程师可能要比研发人员的综合处理能力还强一些。所以如果我们对售后服务体系不认同，那么这体系就永远不是由优秀的人来组成的。不是由优秀的人来组织，就是高成本的组织，因此，我们要强调均衡发展，不能老是强调某一方面。比如，我们公司老发错货，发到国外的货又发回来了，发错货运费、货款利息不也要计成本吗？因此要建立起一个均衡的考核体系，才能使全公司短木板变成长木板，桶装的水才会更多。我们这几年来研究了很多产品，但IBM还有许多西方公司到我们公司来参观时就笑话我们浪费很大，因为我们研究了很多好东西但是卖不出去，这实际上就是浪费。我们不重视体系的建设，就会造成资源上的浪费。要减少木桶的短木板，就要建立均衡的价值体系，要强调公司整体核心竞争力的提升。

——摘自《华为的冬天》

延伸阅读

任正非多年来的经营管理可归结为均衡的思想。自2001年起，在任正非总结的华为“十大管理要点”中，不管内外部环境发生了怎样的变化，“坚持均衡发展”就始终放在第一条。任正非的经营管理思想的核心就是均衡，均衡是其最高的经营管理哲学。他认为，介于黑与白之间的灰度，是十分难掌握的，这就是领导与导师的水平。

“继续坚持均衡的发展思想，推进各项工作的改革和改良。均衡就是生产力的最有效形态，通过持之以恒的改进，不断地增强组织活力，提高企业的整体竞争力，以及不断地提高人均效率”，这是华为长期坚守的核心价值观。而为了实现均衡的目标，抓住企业管理优化过程中的短板则是重中之重。

华为20多年的成长与发展之路，是建立在动态地实现功与利、经营与管理的均衡基础之上的，通过持续不断地改进、改良与改善，华为不断强化与提升经营管理能力，进而使企业走上了一条良性发展之路。华为的成功，也再次以中国式的案例说明，均衡的管理是企业真正的核心竞争力。

一只水桶想盛满水，必须每块木板都一样平齐且无破损，如果这只桶的木板中有一块不齐或者某块木板下面有破洞，这只桶就无法盛满水。也就是说，一只水桶能盛多少水，并不取决于最长的那块木板，而是取决于最短的那块木板。

正如短板效应所说的，一个企业只有在原料、员工、生产、销售、物流等环节的配合之下才能形成完美的产业链，发挥出核心竞争力。然而核心点和优势点也不是完美无缺的，也有不符合标准、不满足市场的薄弱之处，这就需要企业将这些弱点找出来，然后不断完善提高。

事物的发展是不断变化的，企业在某一特定阶段中的薄弱之处也会随着企业的不断发展而发生变化，因此就需要管理者能够准确抓住企业发展中的弱势，并通过策划、组织、控制、指挥、协调等手段解决这些问题，使企业实现均衡发展。

对企业来说，有弱点并非坏事，企业管理者应善于发现这些弱点、分析弱点并根据市场、技术、资本、人员等因素改进这些短板，以求达到企业的均衡发展，这样才能不断地改进我们的工作，促进企业不断发展。

末位淘汰
是对其他员工的负责

末位淘汰是永不停止的，只有淘汰不优秀的员工，才能把整个组织激活。

我们的队伍建设就是要加强与客户的沟通，认真听取、理解客户需求。生产要上去，干部要下去，可以多配车及其他工具，要全力支持海外市场的发展，研发的产品一定要满足客户的需求。表面上看，我们不去做客户关系，停下来还能省几个亿的费用，动起来还要多花汽油费。但不能这样算成本，军队如果这样算成本，战时就毫无战斗力，都会不堪一击的。没有过去的持续投入，今年海外市场怎么可能有巨额的增长，海外市场给我们在困难时期增加了多大的信心和力量！所以，如何在市场低潮期间培育出一支强劲的队伍来，这是市场系统一个很大的命题。要强化绩效考核管理，实行末位淘汰，裁掉后进员工，激活整个队伍。

我们贯彻末位淘汰制，只裁掉落后的人，裁掉那些不努力工作的员工或不胜任工作的员工。我们没有大的结构性裁员的计划，我们的财务状况也没到这一步。和竞争对手比起来，我们的现金流还是比较好的，可以支持我们在冬天的竞争。

实行末位淘汰走掉一些落后的员工也有利于保护优秀的员工，我们要激活整个组织。大家都说美国的将军很年轻，其实了解西点的军官培训体系和军衔的晋升制度就会知道，通往将军之路，就是艰难困苦之路，西点军校就是坚定不移地贯彻末位淘汰制度。

有人问，末位淘汰制实行到什么时候为止？借用GE的一句话来说是，末位淘汰是永不停止的，只有淘汰不优秀的员工，才能把整个组织激活。GE活了100多年的长寿秘诀就是“活力曲线”，而活力曲线其实就是一条强制淘汰曲线，用韦尔奇的话讲，活力曲线能够使一个大公司时刻保持着小公司的活力。GE活到今天得益于这个方法，我们公司在这个问题上也不是一个三五年的短期行为。但我们也不会急于草草率率对人评价不负责任，这个事要耐着性子做。

——摘自《迎接挑战，苦练内功，迎接春天的到来》

延伸阅读

末位淘汰制是绩效考核的一种制度，是指工作单位根据本单位的总体目标和具体目标，结合各个岗位的实际情况，设定一定的考核指标体系，以此指标体系为标准对员工进行考核，根据考核的结果对得分靠后的员工进行淘汰的绩效管理制度。末位淘汰制有积极的作用，即从客观上推动了职工的工作积极性、精简机构等；也有消极的方面，如有损人格尊严、过于残酷等。

不仅企业与企业之间，行业与行业之间存在竞争，企业内部也存在竞争。任正非说，在华为，员工之间要形成你追我赶的风气，通过竞争上岗，通过竞争定优劣，公司的人才也是通过竞争的方式脱颖而出的。华为实行绩效考核制、末位淘汰制，这体现了公司强调竞争的特点。同时，竞争也给企业带来了活力，提高了员工的工作积极性。

某大型国企的李总最近一段时间心情很差，因为有一个难以解决的问题已经困扰他很长时间了。

李总所在的这家企业以前是省纺织工业厅直属的一家大型纺织厂，五年前虽然改制成为公司,但是内部管理的各项体制还是与原来计划经济时代的一样，突出表现在人浮于事，效率低下，干部能上不能下、员工能进不能出，与此对应的是产品成本居高不下，市场占有率日益萎缩。三年前，李总下定决心改变现行的人事管理制度，在参考了很多国有企业以及政府机关的做法之后，末位淘汰制被当作一件法宝引入了企业的人事制度中。该制度规定，每年年底对所有员工进行 360 度评价，将各部门 360 度评价中得分名列最后 10% 的员工进行淘汰。

第一年末位淘汰制的实行，李总感觉效果很明显。一大批平日里表现不好的员工得到处理，员工的工作积极性有了很大的提高，工作拖拉的现象有很大的好转，公司在市场上的表现也有很大起色。

但是随着末位淘汰制的实行，一些怪现象不断出现：

1. 干活越多的人，出错的概率越大；越坚持原则的人，得罪的人越多；结果是这两类人年终的评分都很低，按照公司的规定，他们被淘汰了。但是企业里有很多人对他们被淘汰感到惋惜，意见也很大，认为如果再这样淘汰下去，将没有人敢说真话了。

2. 公司销售部门在不利的市场环境中努力拼搏，取得了非常好的业绩，很难从中选出最差的 10% 的人出来，即使选出这 10% 的员工，李总也觉得他们不应该被淘汰，但是由于名列最后 10% 的员工被淘汰是整个人事制度改革的核心内容，这让李总左右为难。

3. 被淘汰的员工到处喊冤，认为自己被淘汰是因为评价中存在着不公平现象，很多工作表现比自己差的人由于人缘好或者是会讨好领导，反而排名很靠前。

4. 公司的人力资源配置本身就不合理，有的部门缺人，有的部门人浮于事，由于采用“一刀切（各部门都按固定的比例）”的末位淘汰制，使得缺人的部门更显人力不足，人浮于事的部门可能依旧存有富余人员。

5. 公司的有些部门和人员（尤其是拥有企业管理职能的部门、岗位）为了证实自身工作的重要性，避免被列入淘汰之列，经常进行一些不必要的检查工作和开展各类活动，使一些直接为企业创造财富的部门不得不分心应付，耗费了这些部门的人力、物力，使企业的整体效率受到影响。

李总陷入困惑中，到底该不该继续实行末位淘汰制？

在案例中，李总所在的企业在实行末位淘汰制的初期取得了很好的效果，但是管理上的任何单一技术都不会是解决所有企业问题的灵丹妙药。随着企业所处的发展阶段的不同，以前已经证明是合适的制度也会变得不合时宜。

首先，在原则上“末位淘汰制”对参与排序的员工规模是有要求的。在一个组织中实施末位淘汰法是假设企业员工的素质和表现符合统计学中的所谓正态分布：大多数人表现是中等，表现很好和表现不好的人都是少数。这种分布在统计对象数量巨大的时候是成立的；但是，对有些部门来说，员工的数量不会很多，员工的表现不太可能符合正态分布，可能大多数表现很好，或者相反。正如案例中的销售部门，该部门员工的表现已经很好了，并不存在所谓的表现很差的 10%。既然这样，就不应该人为地硬性找出 10% 的“最差的”，把他们淘汰。而如果将整个企业所有的员工放在一起进行排序，从数量上说，是符合要求了，但是不同性质岗位的员工放在一起对比，是否有可比性，会不会出现案例中出现的现象：干活越多的人，出错的概率越大；越坚持原则的人，得罪的人越多，结果是这两类人都被淘汰了。

其次，“末位淘汰制”对岗位特点是有要求的，不同岗位的工作内容的特点（包括技能要求、员工经验积累等）是不同的。在人员配备、岗位配置、机构设置已经非常合理的企业，当我们淘汰一批人以后，还要从外部人才市场或者企业内部人才市场招聘到同等数量的员工。通常，我们很难保证新招进来的人更合适。加上招聘成本，这种“换血”大多数是得不偿失的。比如研发部门的岗位，都要经过公司较长时间培养才能开始为公司做贡献。在公司外这种人才很少，不太可能像一些低技能要求的岗位，例如生产线上的操作工那样很容易找到人，并且不需要太多的培训。因此，末位淘汰制更多是指对一些低技能要求的岗位。

再次，360 度评价不易作为末位淘汰的主要依据。国外的企业往往是将 360 度评价用于员工培训与技能开发，而一般不是直接与淘汰和薪酬挂钩。而我国的很多企业目前都将 360 度评级直接作为员工加薪、发放奖金甚至末位淘汰的依据，再加上很多企业的评价标准不准确，主观性随意性太强，结果导致绩效考核的结果与实际情况发生较大的偏差，搞得上级不敢管下级，或者是大家之间彼此猜疑，人际关系复杂，工作的有效性很低，不仅绩效管理的开发功能无法体现，甚至连绩效管理系统的管理功能也无法正常实现。

最后，“末位淘汰制”仅适用于一定阶段的人力资源现状，也就是说，这种方法适应于某个特殊的员工群体。比如企业创业之初，管理上比较混乱，有的甚至连有关人力资源的规章制度都不健全，更谈不上建立严格的员工竞争机制。管理要讲适用不讲最佳，对于一些员工素质要求不高的企业实行末位淘汰制未尝不可。这种办法可以激励员工，从而提高工作效率。

健康休闲，开卷有益

为了您成为一个高尚的人、受人尊重的人，望您自律。

在公司的进步主要取决于您的工作成绩，一个高科技产业，没有文化是不行的。业余时间可安排一些休闲活动，但还是要有计划地读些书。不要搞不正当的娱乐活动，绝对禁止打麻将之类的消磨意志的活动。为了您成为一个高尚的人、受人尊重的人，望您自律。

——摘自《致新员工书》

延伸阅读

每个企业的员工都有自己的业余活动，这也是一种文化，如很多单位的员工业余时间喜欢喝茶聊天，聚集在一起打麻将；有的企业员工下班或者周末喜欢在一块儿唱 KTV。华为人的业余活动却与众不同，据华为员工透露，他们在工作之余的乐趣是：晚上加班饿了，大家就到公司旁边的小餐馆，点上几碟便宜的小菜，再来一碗面条，多数情况下，总是工资较高的领导埋单；工作累了，拿出办公桌下面的床垫睡上一觉，醒来后发现身边多了一位上了年纪的人，没准那人就是任老板；业余时间，大家还会经常一起租个场地踢场足球，包一个电影院看场电影。在任正非看来，业余活动是调节、放松，是为了更好地投入工作，而不是放纵自己，让自己沉迷于低级趣味之中。

从 1996 年初开始，华为公司开展了《华为基本法》的起草活动，华为开始逐步引进世界级管理体系。同年华为员工超过 5600 人，新招入的本科毕业生超过 700 人。华为聘请人民大学 6 位教授，耗时 3 年，8 易其稿出台了第一部企业管理大纲《华为基本法》，对华为文化、价值观以及未来战略做出第一次系统的思考，建立初级的价值评估与分配体系（薪酬制度），并从日本引入“合理化建议制度”等。此 3 年可以视为管理变革的前奏。

《华为基本法》总结、提升了公司成功的管理经验，确定华为二次创业的观念、战略、方针和基本政策，构筑公司未来发展的宏伟架构。华为人依照国际标准建设公司管理系统，不遗余力地进行人力资源的开发与利用，强化内部管理，致力制度创新，优化公司形象，极力拓展市场，建立具有华为特色的企业文化。华为的企业文化的核心部分可以概括为：团结协作和艰苦奋斗。在任正非看来，能力再强的人，如果没有团队精神，只会单打独斗，那么他在华为也是不会有前途的。

《华为基本法》归纳了华为公司发展的经验，也是规划公司未来发展的纲领性文件，每一个高中级干部必须认真学习，结合自己的工作写出心得体会，教育自己和教育别人。一定要认真自学，任何一个想进步的基层干部与员工，都必须积极地学习、领会。《华为基本法》是华为企业文化的精髓，是公司上下形成最佳合力的基础。不领会《基本法》的深刻内涵，不会潜移默化地引导自己工作的干部，不允许进入高中层，华为决不允许管理层出现夹心饼干。同时，华为坚决反对机械地照搬条文、形左实右的作风，这是不尽心尽责的表现。

Business Develop

管理是一门很宽泛的艺术，不仅需要企业管理者掌握艺术的精髓，同时也需要企业管理者避免艺术的误区。以下几个误区是管理者平时需要注意的：

1. 把关心下属等同于小恩小惠。这一现象在中层管理者中相当普遍，一些中层管理者通常会觉得，自己没有对下属进行加薪、晋升等权力，只有靠小恩小惠来表明自己在关心下属。但是小恩小惠只能博得下属一时的欢心，却无法长久地管理好下属。需要注意的是，小恩小惠往往是以牺牲组织整体利益为代价的，这会对自己产生很多不利的影响。

2. 不关心、不理解下属的“心声”。很多管理者习惯于对下属发号施令，把下属当机器而不是人，以为员工也该像军人那样把“服从就是天职”当成使命，从来不认真分析、疏导下属存在的困难和“牢骚”，甚至把下属的诉求一棍子打死，非要把所有人都打入自己设定的模子里去。这样只会使下属的怨气积少成多，还有可能像瘟疫一样在组织中蔓延。一旦其他下属受到感染，一场大的动荡就在所难免。

3. 对下属有求必应。对下属合理的要求可以适当满足，但这并不意味着要满足不合理的要求。作为主管，只能尽量满足下属那些与组织目标一致的需求，对不合理的需求要敢于拒绝，甚至给予严厉的批评。否则既害了下属，也不利于公司。

4. 说空话，许诺空头支票。每个下属都会希望能获得加薪和晋升，管理者应该抓住他们的这个需求进行激励，但是不能轻率许诺。成熟的公司都有一套关于薪金、晋升的规定和程序，并不是个人能随意更改的。一旦许诺落空，就会在下属面前威信扫地了。激励下属的方式不止一种，比如在上司、同事面前夸赞你的下属，给下属展露才华的空间，放手让下属挑重担，等等。如果你已经做出了承诺，而由于情况发生变化无法兑现，此时，最好的解决办法是向下属道歉并坦诚地告诉下属不能兑现的缘由，以求得下属的谅解。

文化传承：让奋斗成为一种习惯

华为的企业价值是由劳动、知识、企业家和资本共同创造的。

一个企业怎样才能长治久安，这是古往今来最大的一个问题，包括华为的旗帜还能打多久，是我们十分关心并研究的问题。华为在研究这个问题时，主要研究了推动华为前进的主要动力是什么，怎么使这些动力能长期稳定运行，而又不断自我优化。大家越来越明白，促使核动力、油动力、煤动力、电动力、沼气动力……一同努力的源泉是企业的核心价值观。这些核心价值观要被接班人所认同，同时接班人要有自我批判能力。接班人是用核心价值观约束、塑造出来的，这样才能使企业长治久安。接班人是广义的，不是高层领导下台就产生个接班人，而是每时每刻都在发生的过程，每件事、每个岗位、每条流程都有这种交替行为，改进、改良、不断优化的行为。我们要使各个岗位都有接班人，接班人都要承认这个核心价值观。

华为的企业价值是由劳动、知识、企业家和资本共同创造的。公司实行知识资本化，让每个员工通过将一部分劳动所得转成资本，成为企业的主人。我们强调员工的敬业精神，选拔和培养全心全意高度投入工作的员工，实行正向激励推动。不忌讳公司处于的不利因素，公开指出公司当前存在的问题，使员工习惯于受到压力，激发员工拼命工作的热情。员工要有个共识，不要问国家给了你什么，要问你为国家做了什么。公司要求每一个员工，要热爱自己的祖国，热爱我们这个多灾多难、刚刚开始振兴的民族。只有这样，才能进行艰苦的搏击，而无怨言。我们总有一天，会在世界通信的舞台上，占据一席之地。任何时候、任何地点都要严格遵守公司的各项制度与管理。对不合理的制度，只有修改以后才可以不遵守、不贪污、不盗窃、不腐化。严于律己，宽以待人，坚持真理，善于利用批评和自我批评的方法，提高自己，帮助别人。

——摘自《致新员工书》

延伸阅读

在《华为基本法》起草人之一的吴春波教授看来，华为独特的“双核”，是其成功的核心 :“第一个核就是核心价值观，以《华为基本法》为代表，核心价值就是企业文化价值 ; 第二个核就是核心竞争力。在华为，核心竞争力是以管理为核心的。”

事实上，在 1998 年 3 月 23 日《华为基本法》获得通过并开始实行之前，除了任正非等极少数人之外，绝大多数华为人对所谓的核心价值观并没有概念。当时为华为出谋划策的专家顾问团队（主要由中国人民大学教授组成）认为，高速成长中的华为，规模越来越大，员工越来越多，管理问题越来越突出，其中之一就是公司高层与中层干部对企业的使命追求、核心价值观难以达成共识，难以沟通。

随着企业的扩张、人员规模的扩大，企业高层与中基层接触机会的减少，任正非发现自己与中层领导的距离越来越远，更无法及时了解下属的工作状况和想法。而对那些不了解任正非想法的员工来说，老板的话越来越难以听懂，领会老板的意图也变得越来越难。员工们因理解不了老板的意图而备感困惑，任正非也因为不能被理解而痛苦，双方迫切需要建立共同的语言系统与沟通渠道。

正因如此，在讨论《华为基本法》的基本框架设计时，任正非就提出要求，希望《华为基本法》能够确立企业处理内外矛盾关系的基本法则，确立明确的企业共同语言系统即核心价值观，以及指导华为未来成长与发展的基本经营政策与管理规则。

距《华为基本法》颁布实行整整10年之后，2008年12月19日下午，登录公司内部论坛“心声社区”的华为员工们发现，这里多出了一个“公司核心价值观讨论区”。华为的经营管理团队将公司核心价值观由当年的673字重新提炼为“艰苦奋斗，自我批判，团队合作，至诚守信，成就客户，开放进取”24个字，并逐一加以说明和阐述。

华为发展到今天，试图再靠《基本法》，再靠一套什么体系，把这么一个庞大的企业全部都思考清楚，其实是不现实的。但是它的意义在于，在探讨核心价值观的同时能让所有华为人认识到，华为基本的核心价值理念是可以统一的，并且是一直不变的，比如说客户价值导向。

华为的核心价值观从无到有，从成形到改善，迄今已历时20余年。直到今天，华为的核心价值观仍在不断探讨中提升。

Business Develop

惠普公司创始人休利特和帕卡德在1957年惠普公司上市之际，确立了公司的核心价值观，其主要内容是“客户第一，重视个人，争取利润”。公司围绕这种宗旨和价值观，制定出许多具体规划和实施办法，最终形成了被业界誉为“惠普之道”的惠普文化。

在惠普公司的发展历程中，惠普的制度经过多次调整和完善，但其核心价值观从未改变过。核心价值观使惠普这个从车库里走出来的公司，发展成了一个享誉全球的大公司。

惠普公司的成功源于对惠普核心价值观的锲而不舍的坚持。惠普前总裁卡·菲奥莉娜说："惠普取得持续成功的关键，就是惠普的创造力、惠普的核心价值以及行为准则的精神。"她认为企业发展的关键因素不是技术而是对核心价值观的坚持以及在思想指导下保持管理制度的传承性。

有位将军曾说过:"出色的部队都有'节奏'，一种整体感，一种精神力量。"建立一个有灵魂的企业，和打造一支忠诚而有战斗力的军队是一样的，只有确立核心价值观，才能提供强有力的保证。

如果根植在一个企业的核心价值观，随着时间推移而变成不可动摇的天条或信念，它就成为一种核心竞争力，成为一种最不可模仿、最不可替代的能力。可见，不同价值观决定着企业和个人如何算账，如何看未来，从而决定了企业未来的发展程度。

第七章
华为的企业高效管理与华为的兴衰逻辑

大部分企业的价值体现在市场上，华为的价值体现在企业高效经营管理上，它所取得的胜利并非偶然。

华为荣耀之——高效的管理

向着
美好愿景进军

我们想躲在成就上睡一觉时，英雄之花就凋谢了。

华为一定会成为国际性大公司，这一点大家都已有思想准备、组织准备，而管理的方法与管理手段方面还缺乏准备。华为十分重视企业的内部管理与潜力的增长，对企业的发展有十分强大的推动力与牵引力。因此充满扩张的机会，使内部的矛盾在扩张中消化。经历初期的快速扩张，使一代优秀的员工得以成长，成为骨干，为公司稳定下来后的正规管理积累了经验与管理力量。他们经历了艰苦的奋斗，具有了良好的心理素质，使公司避免了沉淀。只要持之以恒地坚持能上能下地按岗位目标责任的标准使用干部，华为的红旗是一定可以持续飘扬下去的。

华为的内部凝聚力是抵御外界风暴的盾牌。只要长期坚持剖析自己、寻找自己的不足与弱点，不断地改良，避免重大决策的独断专行，实行委员会制的高层民主决策，华为的星星之火就一定可以燃烧成熊熊大火。

十年之内，通信产业及网络技术一定会有一场革命，这已为华为的高层领导认识。在这场革命到来的时候，华为抓不住牛的缰绳，也要抓住牛的尾巴，只有这样才能成为国际大公司。这场革命已经“山雨欲来风满楼”了，只有在革命中，才会出现新的机遇。

不能担负起公司的使命，没有使命感和责任感，就不可能作为高中级干部在公司存在下去。要有长期思想上艰苦奋斗的准备，也包括到国外艰苦的工作岗位上去工作的准备。在勇于自我改革、自我设计的基础上，大量引进西方成熟的管理。不要把管理改进的一切工作，都推给顾问去做。我们用《华为基本法》确立了公司宏观管理的构架，我们还会通过一系列的子法，对其进行描述，然后引进先进的管理方法和管理手段，使管理目标能真正实现。如果用三到五年时间，我们的管理实实在在进步了，我们就是往管理构架里放了很多砖，有希望建成一座大厦。

我希望大家不要做昙花一现的英雄。华为公司确实取得了一些成就，但当我们想躲在这个成就上睡一觉时，英雄之花就凋谢了，凋谢的花能否再开，那是很成问题的。在信息产业中，一旦落后，就很难追上了。

我们公司的现实是在努力改进自己的管理，因此我们能发展成为大公司，而不是垮掉。华为公司会否垮掉，完全取决于自己，取决于我们的管理是否进步。

——摘自《不做昙花一现的英雄》

延伸阅读

当任正非在 1994 年提出振聋发聩的十年狂想“10 年之后，世界通信行业三分天下，华为将占一分”时，没有人相信竟然会有真正实现的那一天。当年华为的产值在 100 亿元左右，员工人数在 8000 人左右。虽然企业规模已经不小，但距离世界领先企业的规模还很远，据说当时大家都友好地笑了起来。而这一天虽然姗姗来迟，但总算在以任正非为领袖的华为人执着的努力下，终成现实。小小的华为公司竟提出这样狂妄的口号，也许大家会觉得可笑，但正因为有这种目标做导向，华为才有了今天的成就。事实上，自成立以来，华为与国际行业巨头间的距离正在逐渐缩小。这一年华为的研发经费是 88 亿元，相当于 IBM 的 1/60；这一年，华为的产值是 IBM 的 1/65；华为的研发经费是朗讯的 35%，产值是它的 4%。差距虽然很大，但每年都在缩小。在任正非看来，若不树立企业发展的目标并以此为导向，就无法使客户建立起对华为的信赖，也无法使员工树立远大的奋斗目标和发扬脚踏实地的精神。

据中华英才网的总裁张建国回忆，1990 年，仍处于草创阶段的华为仅仅 20 多人，但“任老板很能激发年轻人的激情，经常给我们讲故事，讲未来”，用理想与未来引领年轻人的热忱与投入。回眸华为发展的 20 多年来所经历的风风雨雨，我们很难想象，如果没有任正非对伟大理想与抱负的坚守，华为究竟会发展得怎样。让我们重温任正非的铿锵语言吧！“在这样的时代，一个企业需要有全球性的战略眼光才能发愤图强，一个民族需要汲取全球性的精髓才能繁荣昌盛，一个公司需要建立全球性的商业生态系统才能生生不息，一个员工需要具备四海为家的胸怀和本领才能收获出类拔萃的职业生涯。”当任正非说出这句话时，许多将要奔赴海外战场的勇士激动得热泪盈眶，激情满怀。而理想的实现，是用愈挫愈勇的斗志、用屡败屡战的精神来完成的。正所谓艰难困苦，玉汝于成。海外战场，华为人用了整整 6 年时间，才总算有所突破，并最终超过国内市场销售额。

Business Develop

用愿景来指导工作，是一门深邃的管理艺术，同时也是企业不断发展的一种战略方法。成功的企业愿景就好比预言，具有唤起员工行动的力量。一般来讲，愿景的言语应该是平实的、易懂的，但又必须具有无法抗拒的力量，让每一位员工在做出重要决定和行动时都会自问："这符合我们的愿景吗？"与此同时，成功的企业愿景必须致力满足客户的深层次需要，从生存需要、信息需要直到发展需要和情感需要。同时，也必须根植于企业全体员工发自内心的共同愿望。我们可以看一下一些著名的跨国公司的美好愿景：

迪士尼乐园——给人们带来快乐；

美国房屋抵押协会——使住房民主化；

沃尔玛公司——给普通人提供和富人一样的购物机会；

波音公司——成为全球最大的商用飞机制造商，并把世界带到喷气式飞机的时代；

花旗银行——成为世界上服务最好和最大的世界性金融机构。

企业对于未来的展望和美好愿景的憧憬往往代表着企业努力追求和争取的目标，远大目标并不是一成不变的，它往往会随着企业经营环境的改变而改变；愿景却可以在一个相当长的时期内保持不变，从而有效地指引人们前行的方向。在日常工作中，面对突如其来的变化，人们本能的反应是畏惧或者逃避，而清晰的企业愿景可以消除团队成员的畏惧和逃避心理，引领团队前行的方向并将企业的未来提升到一个战略高度上来。

烧不死的鸟
就是凤凰

“烧不死的鸟就是凤凰”，它是华为人面对困难和挫折的价值观。

历时八年的市场游击队，锻炼了多少的英豪。没有他们含辛茹苦的艰难奋战，没有他们的“一把炒面，一把雪”，没有他们在云南的大山里、在西北的荒漠里、在大兴安岭风雪里的艰苦奋斗，没有他们远离家人在祖国各地，在欧洲、非洲的艰苦奋斗，没有他们在灯红酒绿的大城市，面对花花世界而埋头苦心钻研，出污泥而不染，就不会有今天的华为。吃水不忘挖井人，我们永远不要忘记他们。没有他们“一线一线”地奋力推销，没有他们默默无闻地装机与维护，哪有今天的大市场。

随着时代的发展，我们需要从游击队转向正规军，像参谋作业一样策划市场、像织布那样精密管理市场。去年他们为市场方法的大转移而集体辞职，又让出权力，开创了制度化的让贤。他们能这样做，十分难能可贵，他们的精神永远记载在我们的发展史上。他们八年读人的经验十分宝贵，他们经历了八年考验的高尚品格难能可贵，是可培养的最好基才。人的才华的外部培养相对而言是比较快的，人的德的内部修炼是十分艰难的，他们是我们事业的宝贵财富、中坚力量，各级干部要多培养、帮助他们，提供更多的机会。我们这个大发展的时候，多么缺乏一群像他们那样久经考验的干部。“烧不死的鸟就是凤凰”，有些火烧得短一些，有些火要烧得长一些；有些是“文火”,有些是“旺火”。它是华为人面对困难和挫折的价值观，也是华为挑选干部的价值标准。经过千锤百炼的干部是第二次创业的希望，我相信会有许多新老干部担负起华为的重任。我们期待着他们。

我们是会富裕起来的，生活、工作环境都会逐渐有较大改善。我们要从管理上要效益，从管理效益中改善待遇。我们不断推行严格、科学、有效的管理，要逐步减少加班，使员工的身体健康得到保障。有健康的身体，才有利思想上艰苦奋斗。我们要对早期参加工作、消磨了健康的员工，有卓越贡献而损害了健康的员工，对担子过重而健康不佳的高中级干部提供更好的疗养条件，使他们恢复健康。百年树人，不能因一时的干旱，毁坏了我们宝贵的中坚力量。我们已走出了困境，我们有条件帮助历史功臣，我们永远不会忘记他们的功勋。

——摘自《不要忘记英雄》

延伸阅读

随手一翻华为领导的内部讲话和宣传材料，感觉到字里行间充满着激情、鼓舞、号令和诱惑，任正非卓越的口才和煽情被公认为这种企业传统的源泉。

在 1997 年华为市场部的迎新大会上，市场部老总挥动着双手，无比激动地演说：“市场营销是华为的先锋部队。在沙漠里，在高原上，在繁华的都市，在贫瘠的农村，等着我们的都是困难。我们的责任就是披荆斩棘，用生命、热血去铺筑华为的发展之路。胜则举杯相庆，败则拼死相救。狭路相逢勇者胜，烧不死的鸟就是凤凰！市场营销是华为最具机会的部门，已经有2000人的队伍。现在我们正在积极拓展海外市场，让我们去欧洲、进美洲、奋战在非洲！当我们的生命点燃成熊熊大火时，华为已经遍及全球。我可以骄傲地说：我今生无怨无悔！”一篇檄文，像战前动员一般令台下的年轻人热血沸腾，一批新员工就此毅然响应号召，去了当时最艰苦的边远市场。

Business Develop

理想与现实是人类永恒的话题，认清两者之间的关系对企业来说尤为重要。龙永图认为寻找与环境的相容性是企业家实现理想和目标的基础。企业家若空有理想而没有对现实和环境的认识，那么企业很可能还没成形便已夭折。一个过于理想化的企业家，往往会令企业的成长道路布满荆棘。

1987年，留学日本的何鲁敏，谢绝了日本方面的高薪挽留，带着9箱技术资料回到国内。何鲁敏是一个纯粹的技术人员，当时的“海归”非常稀少，他完全可以进入国家科技部门从事技术研发工作。但是他选择了创业，“因为我念这么多年的书，一个月只挣62块钱，还不如门口卖茶叶蛋的老太太”。这个创业理由相当稚气，也预示了这个知识分子的创业道路将会有意料之中的曲折。

那时候，中国人均GDP才290美元。何鲁敏却把创业的目光瞄准了空气加湿器。何鲁敏带着一腔热血，头也不回地跳进了这个非常冷门的领域。很快，对做生意过于理想化的何鲁敏遭到了来自市场的当头棒喝。创业之初，何鲁敏相信科学技术是第一生产力，一个企业中没有比技术更有用、更值钱的东西了。后来他发现不完全是这样的，技术先进，并不是一个企业成功的先决条件。面临实际困难后，何鲁敏才意识到市场经济是复杂而冷酷无情的。

知识分子创业往往太理想化，何鲁敏的创业一路磕磕碰碰，遇到各种倒霉事，好在何鲁敏抗挫折力极强，一路坚持，终于大难不死，取得了成功。每个企业家都需要经历一些弯路才能慢慢长大成熟。但是如果何鲁敏在创业之初将理想主义和现实主义结合得紧密一些，也许他所受的挫折不会那么多。柳传志也以自己的亲身经历告诉后来人："凡事需要有理想，但不要理想化。"大多数创业者都是理想主义者，这一点非常可贵，可惜理想主义者往往想法浪漫，觉得一切问题只要按理想率性而为就会得到完美的解决，但现实会毫不留情地把他们教训得头破血流。何鲁敏最大的优点就是，心怀理想主义的热情，不抛弃，不放弃，在理想的世界中接受现实的洗礼，最终得到了凤凰涅槃的升华。

公司
不是天堂

入关的钟声已经敲响，再把公司当成天堂，我们根本就不可能活下去。

我国将加入信息技术协定，意味着中国信息工业被推到了市场竞争机制的最高形式，完全要凭公司的实力，参与跨国集团在中国市场上的竞争，任何国家保护都不会有了，就像孩子要与狼搏斗而没有母亲的帮助一样。中国电子工业100强的总和，只及IBM公司的1/5，生死存亡，一下子就压在了我们这些年轻的、没有国际管理经验的公司身上。

我国在《马尼拉宣言》《大阪宣言》上承诺2020年实现贸易自由化、投资自由化。但自由化并非零关税，现在信息产业不仅要提前20年实现自由化，而且要零关税。这种竞争法则，迫使我们几乎提前几十年进入最激烈的市场角逐。是战，还是降？是胜，还是亡？这里没有侥幸。

公司的每一位员工，都要有强烈的责任感和危机意识。有人说："我是打工的，我拿这份工资，对得起我自己。"我认为这也是好员工，但是他不能当组长，不能当干部，不能管三个人以上的事情，因为他的责任心还不够。打工，也要负责任，在生产线出现的一个很小的错误，如果当场解决后，浪费的财产可能是一块钱；当我们把这个机器装到现场的时候，造成的损失至少是一千块钱。间接损失包括社会影响，包括客户对我们的不信任，这个损失绝不是一千倍可以衡量的。

公司总的来说，是希望不断地提高员工的收入，使员工的收入能够更好地进行家庭建设。但是钱从哪儿来呢，只有从提高效益中来。要按照公司总的增幅、总的利润的增长和降低成本目标来定出工资总额。所以如果我们利润不能再增长，我们收入也就不能再增长。只有大家提高自己的效益，使自己的工作有效性和质量达到一个高标准，才有可能把大家的待遇提到一个高标准。因此我认为企业是要根据自己的效益来不断提高，去改善员工的生活。

由于市场和产品已经发生了结构上的大改变，现在有一些人员已经不能适应这种改变了，我们要把一些人裁掉，换一批人。因此每一个员工都要调整自己，尽快适应公司的发展，使自己跟上公司的步伐，不被淘汰。只要你是一个很勤劳、认真负责的员工，我们都会想办法帮你调整工作岗位，不让你被辞退，我们还在尽可能地保护你。但是我们认为这种保护的能力已经越来越弱了，虽然从华为公司总的形势来看还是好的，但入关的钟声已经敲响，再把公司当成天堂，我们根本就不可能活下去。因为没有人来保证我们在市场上是常胜将军。

——摘自《能工巧匠是我们企业的宝贵财富》

延伸阅读

2005年10月，爱立信收购马可尼；2006年3月，阿尔卡特与朗讯合并；2006年6月，诺基亚与西门子合并……这些世界范围之内的兼并和资源整合给了任正非很大的冲击。任正非认为，华为之所以能在2000—2003年的IT泡沫破灭的艰难时期生存下来，是因为华为当时在技术和管理上太落后，而这种落后让公司没能力盲目地追赶技术驱动的潮流。但是，如今西方公司已经调整过来，不再盲目地追求技术创新，而是转变为基于客户需求的创新，华为再落后就会死无葬身之地。再者，信息产业正逐步转变为低毛利率、规模化的传统产业，这些兼并、整合为的就是应对这种挑战。加入信息技术协定之后，华为将面对世界上更多强手的挑战，华为的眼光只能放得更远，和世界最为先进的企业相比较，吸取长处、弥补自己的短处。而在这样激烈的竞争中，华为相对还很弱小，要生存和发展就必然面临更艰难的困境，只能用在别人看来很“傻”的办法，那就是艰苦奋斗。

Business Develop

如何在企业中树立一套危机预警系统已经成为一个备受瞩目的课题，以下四个步骤可以为企业领导者所借鉴：

首先，树立危机意识。要培养企业全体员工的忧患意识，企业领导人首先就要具备强烈的危机意识，能把危机管理工作做到危机实际到来之前，并为企业应对危机做好组织、人员、措施、经费上的准备。

其次，设立危机管理的常设机构。它可以由以下人员组成：企业决策层负责人、公关部负责人和公司一些其他主要部门的负责人，这些成员应保证其畅通的联系渠道。当危机发生时，该机构自然转型为危机领导核心。

再者，建立危机预警系统。企业危机是企业内外环境出现问题时造成的，因此，在危机爆发之前，必然要显示出一些信号。当企业经营过程中出现如下情况时，就有必要提请决策部门注意并进一步加强监测：对企业或企业领导人形象不利的舆论越来越多；企业的各项财务指标不断下降；组织遇到的困难越来越多；企业的运转效率不断降低。

最后，制订危机管理方案。对一个企业来说，有效的危机管理可以防止危机的出现或降低危机造成的损失。实施危机管理时，应考虑以下几方面的问题：

检查所有可能造成公司与社会发生摩擦的问题和趋势；确定需要考虑的具体问题；估计这些问题对公司的生存与发展的潜在影响；确定公司对各种问题的应对态度；决定对需要解决的问题采取的行动方针；实施具体的解决方案和行动计划；不断监控行动结果；获取反馈信息，根据需要调整具体方案。

每个企业在生存和发展的过程中，都会遇到诸多因素影响乃至干扰企业的正常运营，这些因素共同构成了企业经营中的风险因素。面对风险，有的企业遭到失败，有的企业却把它转化为企业的发展动力，让它激励员工的士气，增强他们的义务感和责任感，调动每个员工的积极性，催其奋进，促其创新。

换句话说，企业管理者在企业发展过程中，如果能从改变员工的惰性这个角度入手，适时地制造危机，利用危机去攻击它、刺激它、克服它、战胜它，对企业的发展来说，不失为一件好事。危机虽然可怕，却是让员工展现自我，挖掘员工潜能的最有效的武器。

以上四点危机的应对之法，企业员工和管理者可以具体结合实际情况，灵活运用。但最为重要的前提是，企业中每一个人一定要具备充分的危机意识，这是战胜一切危机的前提。

成为战略专家：
读书读人，作势做实

一个思想上的懒汉，真是虚度了这么宝贵的年华。

思想不经磨炼，就容易钝化。那种善于动脑筋的人，就越来越聪明。他们也许亲自尝试，惹些小毛病，各级领导要区分他们是为了改进工作而惹的毛病呢，还是责任心不强而犯下的错误。是前者，您要手下留情。我们要鼓励员工去改进工作。在一个科学家的眼里，他的成果永远是不完善的，需要不断地优化。我们产品办、中研部、中试部的员工有这样的感觉时，您就进入了科学家的境界。对我们生产的工艺、产品的加工质量，您每天都充满去改进的欲望时，难道您还看不见爱迪生的身影吗？我们的市场营销要从公关、策划型向管理型转变，高中级要作势、基层要做实。这种“作势做实”需要我们多少人去琢磨，我们那些读了几年人的销售工程师，在理论上再提高，多读一些书，“读书又读人”，“读人再读书”，难道就不会转变成战略专家吗？知识点滴在积累，方法在一点一滴去实践，成绩一点一滴去创造。只要动脑筋，善于用纸笔去总结，几年后您再来看自己，就有些奇怪进步为什么这么大。华为是一个大学校，它在改造人，培养造就人。一个思想上的懒汉，真是虚度了这么宝贵的年华。为什么会有大厨师？为什么会有名小吃？难道思想上不艰苦奋斗会有这些成就吗？一个机关干部不断去改善您的运作程序，不断去改善周边合作，下了决心去总结，推行ISO9000、MRP II会有这么难吗？华为人做任何事都十分认真，而且第一次就把它做好，这种风气已广泛为员工接受。只有在思想上艰苦奋斗，才会在管理上赶上日本。当我们的产品质量非常好、成本又低，销售还会这么难吗？销售不难，可以减一些人，成本又进一步下降，竞争力又进一步增强，管理的“马太”效应不就发生了吗？

——摘自《反骄破满，在思想上艰苦奋斗》

延伸阅读

华为员工张建宁于2000年9月入职华为公司，被分配到无线技术支持部的第一线，从事GMSC35新产品的技术支持工作。从此，现场开局、现场割接支持、远程支持问题处理工作成了他生活的主旋律。2001年7月，实施中国移动GSM目标网全网升级项目，为了组织全网项目实施以及做好远程支持工作，张建宁一个月有近20天在公司加班过夜。就这样，两年时间内，他现场支持了40多个重大工程项目的割接，个人也得以快速成长，积累了扎实的专业知识和丰富经验。2003年，张建宁成为无线产品二线技术支持工程师、国内GSMNSS产品责任人。2004年10月，由于中国移动软交换长途汇接网公司特级重大项目的需要，张建宁被调入北京分部，作为移动软交换长途汇接网项目的技术总负责。张建宁从一名普通的一线技术员，成长为华为的技术专家。

任正非常挂在嘴边的词汇中有一个是“沉淀”。在他看来，一个组织时间久了，老员工收益不错、地位稳固就会渐渐地沉淀下去，成为一团不再运动的固体——拿着高工资、不干活。因此他爱“搞运动”，任正非认为，将企业保持激活状态非常重要。华为走到今天，靠的就是这种奋斗精神和内部的一种永远处于激活状态的机制。对组织而言，沉淀层不啻为难以出手的热山芋，管理者面对该问题时左右为难，在辞退成本、组织活力、人情颜面等方面犹豫不决，就不得已采取冷处理方式，打入“冷宫”，安排闲职，希望这些沉淀层熬不住自己主动辞职。和华为其他与众不同的做事风格一样，华为在“沉淀”问题上的做法也是非常有特点的。一方面，华为不断通过文化建设、激励机制、危机意识使员工始终处于激活状态，尽可能减少沉淀的发生，客观上讲华为的沉淀层比例并不大。另一方面，华为公司通过几次大运动较好地解决沉淀层的退出问题，比如在华为文化中占有重要地位的10多年前的市场部集体大辞职，2001年左右的内部创业风潮，直至2008年的7000员工大辞职，其实都是一脉相承的，每次间隔5 ~ 6年，每次都是大动作。

Business Develop

爱默生说：“一个人，当他全身心地投入自己的工作之中，并取得成绩时，他将是快乐而放松的。但是，如果情况相反，他的生活则平凡无奇，且有可能不得安宁。”

一个对自己工作充满激情的人，无论在哪里工作，都会认为自己所从事的工作是世界上最神圣、最崇高的一项职业；无论工作的困难是多么大，或是标准要求多么高，他都会始终如一、不焦不躁地去完成它。

有激情就能够受到鼓舞，鼓舞又为激情提供了能量。只有当你赋予你所做的工作以重要性的时候，激情才会应时而生。即使你的工作不那么充满乐趣，但只要你善于从中寻找意义，也就有了激情。

当一个人对自己的工作充满激情的时候，他便会全身心投入自己的工作之中。这时候，他的自发性、创造性、专注精神等便会在工作的过程中表现出来。为什么有些人能够发挥出自己最大的潜能，保持住自己较高的工作激情呢?

首先，是专心致志的结果。良好的注意稳定性确保了高效率、高质量。对工作的意义理解得深刻、抱有积极态度，而且有浓厚的兴趣。

其次，是有一颗平常心。不以此论英雄，也不想借此扬美名，这样的平常心态，反而能取得成功。一心想扬名、挣钱的人，由于动机太强，行为往往会出问题，要么不协调，要么出偏差。只有把心放在一种平静的状态之中，人的最大潜能才能发挥出来。

自动降薪：
向太平意识宣战

降薪的真实目的在于，不断地向员工太平意识宣战。

公司在经济不景气时期，以及事业成长暂时受挫阶段，或根据事业发展需要，启用自动降薪制度，避免过度裁员与人才流失，确保公司渡过难关。

其真实目的在于，不断地向员工太平意识宣战。

公司采取自动降薪原则，这是我在德国考察时受到的启发。二战结束后，德国一片瓦砾，处境很困难，德国工会起到很大作用，工会联合起来要求降薪，从而增强企业的活力。这使我很感动，德国工人把企业的生死存亡看得很重。我们也要向员工的太平意识宣战，现在的市场是十分严峻的，外国厂家拼命倾销，中国企业不堪重负。我们有员工提出为什么不建华为大厦让大家免费居住，为什么不实行食堂吃饭不要钱，既然公司花很多钱支持希望工程、提供寒门学子基金，还要支持烛光计划。不管公司经济上能否实现，这都反映了员工的太平意识，这种太平意识必须长期受到打击，否则公司就会开始迈向没落。现在公司的自动降薪就是用演习的方式进行打击。

——摘自《任正非：向中国电信调研团的汇报》

延伸阅读

华为一向为员工提供高出行业普遍标准的高薪，让员工能够充分享受优越的福利待遇，在普遍高薪的情况下更是施行向优秀员工倾斜的薪资策略。事实上关于薪资管理华为最初也度过了一段时间的绩效考核“混沌期”，人力资源部没有真正的绩效考核。当时的人力资源工作人员只关注其有没有及时填补公司的岗位空缺，而对招聘成功率及新聘员工的离职率等考核指标基本不会顾及，而定性的考核指标让人力资源工作人员对考核结果几乎漠不关心。这种“糊涂工作状态”遭到了抱怨，“我与同事的上升空间和年终奖励好像更多是依照上司的心情而定”。人力资源工作人员希望也能像业务部门一样在年终时拿到一张清晰的绩效考核单。就这样，华为在懵懂中摸索着自我改变，并将这种愿望变成了现实。

2001 年前后，华为人力资源工作指标越来越规范了，任务书里开始有一些对工作任务的清晰描述。从此，华为工资分配实行基于能力的职能工资制；奖金的分配与部门和个人的绩效改进挂钩；安全退休金等福利的分配，依据工作态度的考评结果。

为了能让处于高薪中的员工消除太平意识，任正非导演了一次“降薪行动”。华为的降薪从高管开始，像一场声势浩大的誓师。2002 年该集团的利润缩水五分之四。2003 年春节刚过，400 多位高级管理人员在降薪倡议书上签名，最后，362 位总监以上管理人员降薪 10%。这对弥补华为集团的财务损失并无实质作用，却能够鼓舞全体员工同心协力去克服困难。

Business Develop

任正非的《华为的冬天》之所以能成为业界流传一时的“教材”，就是因为任总对华为企业发展的忧患意识让业界人士产生了深深的共鸣。可以说，如果没有自上而下强烈的忧患意识，所有的危机预警机制都会形同虚设。微软董事长比尔·盖茨说过，“微软距离倒闭永远只有 14 天”。而这个全球目前市值最高的软件巨无霸之所以能经历一次次包括来自美国司法部及各同行的围剿而安然无恙，恐怕与这种深刻的忧患意识不无关系。

企业的危机是不可预测的吗？在我们回首看许多企业所面临的危机时，就会发现，几乎每一次危机都有事前的征兆，可能这种征兆大家已经见怪不怪，熟视无睹。问题在于这些事前的征兆究竟在多大程度上得到了重视，在哪些方面采取了切实有效的对策，是否真的解决了问题，排除了危机大范围爆发的可能性。

“华为的冬天”带给我们这样一个重要的启示——最危险的情况是你不去思考可能出现的危险。在企业经营的过程中，危机总会不知不觉地到来，因此，企业就要预先做好准备。怎样做准备呢？那就是时刻树立危机观念，对企业的不足之处加以改进，从而使企业健康快速地发展。

清华大学公共管理学院危机管理课题组、零点调查和中国惠普有限公司曾经共同对企业危机管理现状进行调查，结果显示：内地 45.2%的企业处于一般危机状态，40.4%的企业处于中度危机状态，14.4%的企业处于高度危机状态，这就意味着有一半以上的企业处于“十面埋伏”之中。

企业就好像是一艘在风雨、礁石、海浪中穿行的船，只要不停止航行，危险就一直存在。然而风起于青萍之末，对企业而言，预防危机的难度在于危机的先兆可能很细小，非常容易被忽略；也可能出现的频率很高，以致麻痹了决策者的神经；还可能从先兆出现到危机爆发的时间极短，企业无暇顾及。能够从先兆中预测到危机，并提出防范危机的对策，比挽救危机更重要。而对于企业，除了提高企业的预见力，还要提高企业的抗震性。

及时树立危机意识，掌控企业发展中的每一个小问题，企业才能在竞争中顺利前行。

有质量
就有市场

竞争的要义就是质量好、服务好、成本低。

困难是客观存在的，在资源和生产过剩的情况下，竞争的要义是什么？就是看谁的质量好、服务好、成本低，这是企业竞争中颠扑不破的真理。价格和成本体系问题、优质服务体系问题、质量体系问题，是我们不可动摇、不可回避的三大问题。业界要走进成本竞争，我们应该怎么做？当然，我们绝不能为了降低成本，忽略质量，否则那是自杀，或杀人。

我们要广泛地参与竞争，我们要积极扩大海外市场。“东方不亮西方亮，黑了北方有南方。”我们扩大海外市场，就可以扩大我们的生存空间，提高我们的生存质量，所以我们的员工要前仆后继地奔向国际市场。世界各地，特别是发展中国家，经济水平存在严重的不平衡，存在着很多机会，对于这些地区的市场开拓，我还是很有信心的。我们多一些人到海外去，在这些领域内多发展，就解决了我们公司的平衡问题。这样，虽然市场下滑，但是我们合理配置，人均效益会上去。

在国内市场上，我们的增长速度可以下滑，但不能低于别人。截至5月底，我们在国内的销售下滑了17%，海外上升210%，5月底之前完成了100多亿的销售。财务要求市场系统今年一定要完成300亿的销售。此外还不断要求各部门降低成本，保证今年下半年的赢利。但降低成本不代表我们的品质和服务也可以降低，我们的目标是以更低的成本，来实现更好的质量，以拥有更强劲的竞争能力，这是我们生存发展的前提。

适当地和竞争对手开展合作，降低研发成本。孙总上个季度在欧、美会见了业界同业公司的最高层领导，大家讨论了在竞争的基础上，加强彼此间的相互了解和合作问题。对我们公司，如果我们和对手联合起来搞研发，共同研发一个产品，研发成本降掉一半，我们的成本就降了一半。竞争对手也要手拉手，也要走向合作，因为都要度过这场灾难啊！

——摘自《任正非：在市场三季度会议上的讲话》

延伸阅读

任正非认为，与国外大企业，如IBM、苹果公司等销售额相比，华为还有很大的差距。差距就在于产品的稳定性不如国外大公司。一位华为客户曾经说过："我们也不希望你们天天过来，你们过来得越少越好，这说明你们的产品稳定性好。如果你们产品稳定性差，你们天天过来，我们也是不满意的。如果你们过来和我们交流，打打球，我们是欢迎的，但因为产品不过关，你们天天过来服务，我们是不欢迎的。"可见，想要客户满意，产品必须具有良好的稳定性。只有产品性能稳定了，销售成本才能降低，才能做到如国外公司那样赢得更多利润。

任正非非常重视生产制造环节，他认为这是公司产品达到技术先进、服务优秀、质量可靠的先决条件。他说："生产系统目前的管理还处在一个很不成熟、非常幼稚的状态。在这一点上我认为生产系统下一阶段最重要的工作就是不断苦练基本功，包括从上到下每一个员工。可以把那些插件能手放在一条生产线上去，把这条生产线的定额定下来，不怕他们超定额，不怕他们高工资，要给其他人树立一个榜样。要把一些认真负责的能工巧匠的工资提起来。但不要一提‘比武’就是比速度，我认为不要忽略质量，要遵守规章。”德国企业强调质量过硬，在机械化时代，德国制造曾经风靡一时；日本企业强调精致，成为电子时代的技术标杆。两国企业在国际上具有很强的竞争优势，很大程度上归功于对生产制造环节的重视。

Business Develop

三鹿集团是河北一家有着 50 多年悠久历史的乳品企业，它所生产的婴幼儿奶粉价格相对低廉，是广大处于中低层经济水平的家庭的育婴首选产品。长期以来，三鹿集团不仅拥有稳定的消费市场，而且多次获得政府嘉奖，深受消费者好评。就在 2008 年 1 月，三鹿集团开发的“新一代婴幼儿配方奶粉的研究及其配套技术的创新与集成项目”还荣获国务院授予的、代表我国科技发展水平的最高奖项——国家科技进步奖，登上了国家最高科技的领奖台，成为中国乳品行业的骄傲。可就是这么一家顶着无数光环的老牌企业，最终却因为缺乏社会责任感，从高高的领奖台上摔了下来，再也没能爬起来。

原来，三鹿集团为了牟取暴利，在占领农村奶粉市场方面采取了低价倾销战略。为了节约成本，三鹿集团选择了添加了大量廉价“大豆蛋白粉”的奶源，而这些所谓的“大豆蛋白粉”实为伪造蛋白质的化学原料三聚氰胺。三聚氰胺是一种三嗪类含氮杂环有机化合物，作为化工原料，广泛运用于木材、塑料、涂料、造纸、纺织、皮革、电气、医药等行业，由于含有更多的氮原子，常常被用来伪造高蛋白产品。实验表明，三聚氰胺主要影响泌尿系统，可能导致泌尿系统结石，很多婴儿就是食用了含有三聚氰胺的奶粉而得了结石。据新华网报道，三鹿集团从 2008 年 3 月份开始就陆续接到一些患有泌尿系统结石病的投诉，却未能引起高度重视，及时弥补自己缺失的社会责任，而只是敷衍一下、草草了事，直至同年9月份被大规模曝光。

2008年9月11日上午，甘肃省卫生厅首次披露该省内59名婴儿肾功能不全、1人死亡的情况，是因吃了同一个牌子的奶粉。在湖南、湖北、山东、陕西、安徽、江西、江苏、河南等省都发现多个相似病例。11日晚，卫生部称，近期甘肃等地报告多例婴幼儿泌尿系统结石病例，调查发现患儿多有食用三鹿牌婴幼儿配方奶粉的历史，并高度怀疑石家庄三鹿集团股份有限公司生产的三鹿牌婴幼儿配方奶粉受到三聚氰胺污染。

危机发生以后，三鹿集团不但没有意识到自身错误，反而把责任推给所谓的“不法分子”——奶农。此外，三鹿集团上下其手，试图拉政府部门下手，用300万“摆平”百度，要求后者帮助隐瞒真相、平息事态。这些消息都激起了人们更大的愤怒与更多的谴责，三鹿集团也在这种不负责任的姿态中逐渐走向了灭亡，面临被收购、重组的命运。

在三鹿事件中，一同陷入危机的除了三鹿集团，还有伊利、蒙牛、三元、光明等众多知名乳制品企业。这些企业都因为产品被查出含有三聚氰胺而遭受各方质疑，整个乳制品行业受到了严重冲击，企业的招牌在信誉危机中摇摇欲坠。

其实不光是食品，产品面世后都与人们的生活息息相关，产品每一点质量疏忽都有可能对人们的生活造成恶劣影响，甚至危及生命。质量是企业的生命线质量是企业的生命线，事关质量的任何问题都不是小问题，都应该得到最为谨慎的处理。很多企业在激烈的市场竞争面前选择了压缩生产成本，但如果因此导致产品质量下降，必然会使公司信誉为消费者所质疑，甚至有可能造成难以挽回的灾难。因此每个人都应该成为企业的安全卫士，为企业严把质量关，不把降低成为作为企业的唯一目标，实现企业的良性健康发展。

不会控制成本，就只能在生存线上挣扎

没有科学合理的成本控制方法，
企业就处在生死关头。

管理中最难的是成本控制，没有科学合理的成本控制方法，企业就处在生死关头。全体员工都要动员起来，优化管理，要减人、增产、涨工资。明年生产要翻一番，但人员不一定要翻一番。从管理中要效益，只有在管理上进步了，我们才可能实现机关干部与研究、市场同工同酬。

企业的成本控制是多方面的，并不仅仅在产品成本的控制。

大家都认为成本低就是指料本低，其实成本的构成是方方面面的。每一个部门都要冷静反思，过度地降低成本我不赞成，但是不认真研究成本下降我也不接受。比如销售成本，国内一个2000万美元的单，有十几人在围着转，海外一个人手里握着几个2000万美元的单，国内的人力资源是过剩的，我们就要源源不断地、强制性地抽优秀员工到海外去。尽管国外的成本和费用比国内的成本高得多，我们还是要源源不断地向海外输送人才。

华为一直秉承大投入大产出，在研发和人力资源等方面的投入是巨大的，但投入不能是盲目的，该花的钱一分不能少花，不该花的钱

一分也不能花。华为在加速度增长时期时，许多员工片面地追求销售额的增长速度，不太注重成本。这一时期，虽然公司收入呈现100%的增长速度，但管理费用、销售费用却以超过100%的速度攀升，利润只有百分之十几，高投入并没有带来高利润，可见企业通过成本控制获得赢利，比开拓市场来得更有效。

大规模不可能自动地带来低成本，低成本是管理产生的，盲目地规模化是不正确的，规模化以后没有良好的管理，同样也不能出现低成本。一个大公司最主要的问题是两个，一是管理的漏洞，二是官僚主义。因此，我们在管理上要狠抓到底，我们不相信会自发地产生低成本。

——摘自《再论反骄破满，在思想上艰苦奋斗》

延伸阅读

所谓成本控制，是企业根据一定时期预先建立的成本管理目标，由成本控制主体在其职权范围内，在生产耗费发生以前和成本控制过程中，对各种影响成本的因素和条件采取的一系列预防和调节措施，以保证成本管理目标实现的管理行为。

成本控制的过程是运用系统工程的原理，对企业在生产经营过程中发生的各种耗费进行计算、调节和监督的过程；同时也是一个发现薄弱环节，挖掘内部潜力，寻找一切可能降低成本途径的过程。科学地组织实施成本控制，可以促进企业改善经营管理，转变经营机制，全面提高企业素质，使企业在市场竞争的环境下生存、发展和壮大。

《华为基本法》对成本控制做了详细的解读，第八十二条规定：“成本是市场竞争的关键制胜因素。成本控制应当从产品价值链的角度，权衡投入产出的综合效益，合理地确定控制策略。应重点控制的主要成本驱动因素包括：1. 设计成本；2. 采购成本和外协成本；3. 质量成本，特别是因产品质量和工作质量问题引起的维护成本；4. 库存成本，特别是由于版本升级而造成的呆料和死料；5. 期间费用中的浪费。”第八十三条也规定：“控制成本的前提是正确地核算产品和项目的成本与费用。应当根据公司经营活动的特点，合理分摊费用。公司对产品成本实行目标成本控制，在产品的立项和设计中实行成本否决。目标成本的确定依据是产品的竞争性市场价格。必须把降低成本的绩效改进指标纳入各部门的绩效考核体系，与部门主管和员工的切身利益挂钩，建立自觉降低成本的机制。”

任正非反复强调，如果华为不能控制成本，随着企业竞争越来越激烈，利润空间越来越小，公司的生存和发展将面临很大的困难。

Business Develop

成本管理是现代企业管理中一个重要内容，是企业永恒的主题，成本控制更是企业财务部门最主要的职责和任务之一，也是通过管理出效益的最具体、最有效的措施之一。企业开展成本控制要树立科学发展观，实行精细化成本管理，不仅要抓“大成本”，还要抓“小费用”，做到“全员、全过程、全方位”的“三全到位”，为此，企业就必须采取成本控制措施，改进现行成本管理的不足，立足战略管理的角度，建立健全成本管理体系。

在进行成本控制的过程中可以以下四方面内容作为参考：

1. 用发展的思路制定科学合理的成本控制目标。成本的控制有相对成本控制和绝对成本控制之分。绝对成本控制是把成本支出控制在一个绝对的金额中的一种成本控制方法；相对成本控制是指企业为了增加利润，要从产量、成本和收入三者的关系来控制成本。

2. 树立“大成本”观念进行可控成本的成本控制。以企业管理能否对成本施加影响力来区分可控成本与不可控成本。企业管理人员能对成本施加影响并可以调节成本的是可控制成本，反之则是不可控制成本。但是成本的可控与否，不是固定不变的，在一定的范围和时间里是可以转化的。

3. 注重“小费用”，实施全员、全过程、全方位的成本控制。成本是企业生产经营活动的综合性指标，涉及各方面的管理，同时也涉及各层次的人员。但是，长期以来，人们一直存在一种偏差，把成本管理作为财务人员、少数管理人员的专利，认为成本、效益都应该由企业领导和财务人员负责，而把各车间、部门、班组的职工只看作是生产者，导致管成本的不懂技术，懂技术的不懂财务，职工对于哪些成本应该控制、怎样控制等问题无意也无力过问，成本意识淡薄。

4. 以企业价值最大化为目标进行成本控制，在成本控制中要引入价值链方法，对企业生产经营过程的每个环节、每项工作都要用价值链分析方法，分析其是否有效地利用资源为企业创造了最大化的价值。

繁荣的背后
就是萧条

华为的危机，以及萎缩、破产是一定会到来的。

IT 业的冬天对别的公司来说不一定是冬天，而对华为就是冬天。华为的冬天可能来得更冷一些。我们还太年轻，我们公司经过十年的顺利发展没有经历过挫折，不经过挫折，就不知道如何走向正确道路。磨难是一笔财富，而我们没有经过磨难，这是我们最大的弱点，我们完全没有不发展的心理准备与技能准备。

危机的到来是不知不觉的，我们在讨论危机的过程中，最重要的是要结合自身来想一想。危机并不遥远，死亡是永恒的，这一天一定会到来，你一定要相信。从哲学上，从任何自然规律上来说，我们都不能抗拒，如果我们能够清醒地认识到我们存在的问题，我们就能延缓这个时候的到来。繁荣的背后就是萧条，玫瑰花很漂亮，但玫瑰花也有刺。任何事情都是相辅相成的，不可能是绝对的。今年我们还处在快速发展中，员工的收入都会有一定程度的增加；但如果我们不能居安思危，就必死无疑。

——《任正非：华为的冬天》

延伸阅读

任正非在企业如日中天时，却时时想着应对危机的策略："十年来我天天思考的都是失败，对成功视而不见，也没有什么自豪感、荣誉感，而是危机感。"这位十年商海奋战的成功人士如是说，其用心之良苦，用意之深远，发人深省。也正是这种深远的忧患意识，像一只无形的手，指挥着华为从成功走向成功。但是成功的背后总是潜伏着危机，不可以盲目乐观，而且越是和平与繁荣时期，越是要提高危机意识和应对危机的能力，让自己生存下来。

居安思危，任正非真正将这四个字做到了实处。2001 年，任正非从均衡发展、精简机关、规范管理、管理体系、模板化管理、干部评价制度、自我批判精神、心理素质、危机意识、媒体应对态度十方面提出了独特的管理理念和危机应对措施，为"华为的冬天"准备了一件厚厚的"棉衣"。

用自己的优势征服市场是每一家企业的信念，然而商场如战场，企业就像是战场中的某一个战壕，不努力，不守护，便有可能成为别人的战利品。即使目前企业的管理、质量、产能在同行业中傲然领先，然而当某天，优势不再成为优势，当其他厂商的降价影响企业的销售额，当销售额影响企业的利润额，当硝烟离企业越来越近，也许这就是企业即将面临的灾难。正如任正非所说，没有不倒的英雄，没有永远的失败者。

Business Develop

华为人清醒地认识到危机的存在，也在采取措施积极地防范。这种危机感和未雨绸缪，是敏锐的感觉和强烈的生存意识。这种危机感让任正非总是把目光投向更远的地方，也总是能够领先别人一步。正如任正非所说，唯有惶者才能生存，只有具备忧患意识的企业才能在市场中长久生存。

危机感可以有效引导员工，强化凝聚力，有效提高企业竞争力。那么作为企业管理者，该如何打造企业的危机意识？如何把危机意识灌输给员工，以共同应对危机局面呢？危机管理的具体方法有三点：

其一，必须将目前企业面临的风险告诉企业员工，目的在于使员工有大难临头的危机感。

其二，必须有不战必亡的表示，消除员工的侥幸心理。

其三，激发员工的情绪，使大家无所畏惧，齐心协力，爆发出潜在的超常能量。

美国技术公司在打造、灌输危机意识方面可谓独树一帜。总裁威廉·韦斯认为，如果一位企业管理者不能向他的员工灌输危机意识，表明危机确实存在，那么他很快就会失去信誉，因而就会失去效率和效益。为让那些认为身居大公司就可以高枕无忧的人紧张起来，他在公司上层推行“末日管理”计划，起用了两名大胆推行改革的高级管理人员为副董事长，免去了四名倾向于循序渐进、在其位不谋其政的高级管理者的职务，以警示高层人员：如果你在位置上感觉很舒服，很快就会有人要接替你的位置，分享你的“午餐”了。对于一线员工，威廉·韦斯广泛宣传“由于某些小单位忽视产品质量，导致失去用户的危机”，并一再提示员工，如果不把产品质量、生产成本以及用户时刻放在突出位置，公司的末日就会来临。让他们知道企业是在激烈竞争中生存的，不进则退，退则一败涂地，从而使危机意识贯穿整个公司，推动公司发展。

第八章

奔跑中的危机和博弈

在企业每一次变革的背后，管理对企业的发展影响非常大。只有适合企业的发展管理和文化，才能够让企业蓬勃发展。

华为荣耀之——顺应市场的变革

不当将军的英雄
不是好干部

职业化管理使英雄难以在高层生成。

华为曾经是一个“英雄”创造历史的小公司，正逐渐演变为一个职业化管理的具有一定规模的公司。淡化英雄色彩，特别是淡化领导人、创业者的色彩，是实现职业化的必然之路。只有职业化、流程化才能提高一个大公司的运作效率，降低管理内耗。第二次创业的一大特点就是职业化管理，职业化管理就使英雄难以在高层生成。公司将在两三年后，初步实现IT管理，端对端的流程化管理，每个职业管理者都在一段流程上规范化的运作。就如一列火车从广州开到北京，有数百人搬了道岔，有数十个司机接力，不能说最后一个驾车到了北京的司机就是英雄。即使需要一个人去接受鲜花，他也仅是一个代表，并不是真正的英雄。我们需要组织创新，组织创新的最大特点在于不是个人英雄行为，而是要经过组织试验、评议、审查之后的规范化创新。任何一个希望自己在流程中贡献最大、青史留名的人，他一定会成为流程的阻力。然而基层干部不能无为而治，不当英雄，也就无法通向中高级管理者。对基层干部我们的原则是呕心沥血、身体力行、事必躬亲、坚决执行、严格管理、有效监控、诚信服从；与高级干部标准反过来，形成一个对立统一的体系。

——摘自《任正非：一个职业管理者的责任和使命》

延伸阅读

毫无疑问，在华为员工的心目中，特别是在那些在华为工作时间长达十几年的员工心中，总裁任正非就是华为的灵魂和英雄，“没有任正非，华为的前瞻战略肯定会大打折扣”。

但任正非不这么想，“华为不需要英雄。”任正非经常讲，“一个没有英雄的公司是一个最好的公司。过去是靠英雄打下这份基业，现在是靠流程、靠平台，不再是靠一个能人。”

正如任正非所说：淡化英雄色彩，特别是淡化领导人、创业者的色彩，是实现职业化的必然之路。事实上，华为从一个“英雄创造历史”的小公司，正逐渐演变为一个职业化管理公司。

任正非从来不否认与华为一起打拼了 20 年、见证了华为点滴成长的老员工，是华为的英雄。但与此同时他还强调，没有任何员工可以凭借着过去的贡献而自居为华为的英雄，影响甚至阻碍华为的进一步发展。华为需要每一名员工都有着成为英雄的信念和像英雄学习的精神，但这并不代表英雄个人主义可以在华为扎根。华为想要在国际市场中稳稳地占有一席之地，就必须不断淡化英雄主义色彩，一切让制度和管理说话。

Business Develop

“以前我们还有家传秘方，比如说爷爷打菜刀打得很好，方圆五十里都知道我们家菜刀好，然后孙子继承了爷爷的手艺。在方圆五十里我还是优秀的铁匠，就能娶到了一朵金花。那现在铁匠还行吗？现在经济全球化了。人家用碳纤维做的刀，削铁如泥，比钢刀还好得多。你在方圆几公里几十公里曾经流传几十年、几百年的祖传，被经济全球化在几秒钟内打得粉碎。”

诚如任正非所说，爷爷有着祖传的秘方，是那个年代的打铁英雄，但是现在的我们不能一味地崇拜那个年代的英雄，要不断开阔视野，用更先进、更完备的知识和技能装备自己，才能生存下去。淡化英雄色彩，实现职业化管理，是每一家企业的必由之路。

在国际上，职业化水平比较高的主要是美国、欧洲等一些经济发达的国家和地区。目前，我国的职业化状况不容乐观，管理类职业化刚刚开始，这个问题不是出在员工身上，而是出在企业没有一个职业化的体系作为保障。外企的员工职业化程度高，主要是因为他们的管理机制、管理体系比较健全。从现在的情况看，中国的职业化道路至少还要 3~5 年的时间。

国内企业的组织架构、流程制度、运营管理，主要还是学习和模仿西方企业；职业化的发展，模仿的痕迹也同样很重。西方企业强调的职业化素养、职业化行为规范和职业化技能三方面的职业化核心内容，虽然很多企业都在学，却没有像前者那样起到预期的效果。原因在于这些企业职业化管理没有根植于中国的传统文化，没有从国人所受的文化熏陶角度出发，抓不住内因，自然很难被重视、认同和接受。众所周知，上班可以锻炼身体甚至洗澡的“自由散漫”的美国人创造了微软、google 等这样的超级企业；循规蹈矩、沉默寡言、不善变通的德国人拥有奥迪、宝马、奔驰；被上司扇了耳光还得点头哈腰的日本人，也打造出了松下、索尼、丰田等世界级大品牌。换言之，不同的民族个性都可以创造出世界级的品牌。中国有如大庆“三老四严”“四个一样”的好理念，善于学习的中国人同样可以搞好企业职业化，打造出世界级的好品牌。

来去自由：
华为不搞终身雇佣

基层员工要"干一行，爱一行，专一行"。

我在美国时，在和IBM、CISCO、Lucent等几个大公司领导讨论问题时谈到，IT是什么？他们说，IT就是裁员、裁员、再裁员。以电子流来替代人工的操作，以降低运作成本，增强企业竞争力。我们也将面临这个问题，伴随着IPD、ISC、财务四统一、支撑IT的网络等逐步铺开和建立，中间层消失，我们预计大量裁掉干部的时间在未来2～3年。今天要看到这个局面，我们现在正在扩张，还有许多新岗位，大家要赶快去占领这些新岗位，以免被裁掉。不管是对干部还是普通员工，裁员都是不可避免的。我们从来没有承诺过，像日本一样执行终身雇佣制。我们公司从创建开始就是强调来去自由，同时，公司与社会间的劳动力交流是必要的，公司富余的劳动力在社会上其他地方可能是需要的，社会上也许有一些我们短缺的。公司内长木板和短木板的交换也是需要岗位与人员的流动。我们要及时地疏导员工到新岗位上去，才会避免以后过度裁员。内部流动是很重要的，因此今天来说，我们各级部门真正关怀干部，不是保住他，而是要疏导他，疏导出去。在新岗位上尽量使用和训练老员工，老员工也应积极去占领，不然补充了新人，他也有选择的权利。只有公司核心竞争力提升，才会有全体员工价值实现机会。我们要消除变革中的阻力，这种阻力主要来自高中级干部。我们正处在一个组织变革的时期，许多高中级干部的职务都会相对发生变动。我们愿意听取干部的倾诉，但我们也要求干部服从，否则变革无法进行。等三年后，变革已进入正常秩序，我们愿意遵照干部的意愿及工作岗位的可能，接受干部的调整愿望。

对于干部，我们愿意听你们诉一诉，诉完后还是要到分配的岗位工作。对于基层员工要“干一行，爱一行，专一行”，努力提高自己本职工作的技能。要严格控制基层员工的转岗，转岗一定要得到严格的审查与批准。我认为基层员工就是要发展专业技能，专业技能提高了也可以拿高工资。对已经转岗的和以后还要转岗的，如果不能达到新岗位的使用标准，而原工作岗位已由合格员工替代的，建议各部门先劝退。各部门不能在自己的流程中，有多余的冗积和沉淀。哪一个部门的干部工作效率不高，应由这个部门的一把手负责任。我们要减少工作协调与调度会议，即使对于那些必须开的、开完要立即实行的会议，也要减少参加这些会议的人员数量。同时要禁止技能培训类远期的目标的会议在上班时间召开;其他活动如体检、沟通、联欢之类活动，更不得在上班时间进行，要确保工作时间与质量得到贯彻落实。

——摘自《华为的冬天》

延伸阅读

作为一个商业机构，企业必须以利润为基础，否则就无法生存，如果机构臃肿，效益低下，甚至入不敷出，企业必然经营不下去。任正非很清楚这个道理，因此，他经常提醒员工，必须努力提高个人效益，否则，人均效益低下的时候，就是华为缩减人员的时候。

按照任正非所推崇的狼文化，这种人力资源制度本身就是狼文化具体化、制度化的体现。狼为了生存竞争而进行的自然选择，即那些没有抛弃老狼的狼群被淘汰，而狼群为了小狼的食物供给充分，抛弃了老狼，完成了整个狼群的新陈代谢而生存下来。这样的狼文化曾经成就了成吉思汗，征服欧亚大陆，形成了版图无人匹敌的元帝国。任正非认为这样的狼文化同样能够成就华为，特别是在商业竞争愈加激烈、商业环境日益恶劣的条件下，华为没有别的选择。这种人力资源制度就是狼文化的必然逻辑、必然选择。

但尽管华为如此强调，到目前为止，华为尚没有启动过大规模裁员和大幅度降薪行动，这自然是与华为员工有了危机意识，不断提升自身能力分不开的。

Business Develop

2007 年 5 月初，索尼结构事业部（SCEE）透露出消息，为削减成本、提高效益，公司即将裁减至少 160 名员工，占员工总人数的 8% 以上。索尼结构事业部解释说，公司正处于结构重组和转型的重要阶段，削减员工对公司来说是一个艰难的决定，却是强化运作模式、提高工作效率、降低成本的必要手段。此次裁员计划涉及所有与结构重组有关的部门和领域，这意味着不只是索尼公司结构事业部，在英国包括欧洲全境范围内的分社，甚至游戏工作室都将不能幸免。此次裁员规模之大，自结构事业部成立以来还并不多见。

2005 年 7 月 19 日，惠普宣布全球裁员 1.45 万人，裁员比例 10%，而在此之前，企业裁员的消息就不断被曝光：宏碁的裁员在内部悄然进行；UT 斯达康，在遭受第一季度净利润锐减 30% 的窘境后，不得不首度宣布裁员 1400 人；奥林巴斯裁员 4000 人，相当于其雇员总数的 30%；爱立信公司则关闭了 CDMA 业务在美国的行政总部，并裁员 250 人。

将企业营业成本的上升和收入增加维持在一个固定的比率上，并确保营业成本的降低和收入降低的比率相同。这就意味着当企业出现收入下降时，企业要确保营业成本要同比率下降。

无论是惠普，还是奥林巴斯、通用汽车，大规模裁员都有节约开支、集中力量发展重点业务的目的。当今世界，企业环境变化迅速，企业一旦丧失技术及成本优势，面临的风险和压力就将突显。因此，企业最直接的办法就是不断地降低成本。而裁员是短期内能够使降低成本效果立竿见影的唯一方法，惠普裁员计划每年可以减少 19 亿美元的成本。在现实的市场竞争中，裁员的收益是明显的。

裁员可以使企业通过人员整合来实现业务重组，从而大幅度降低人工成本和运营成本。不敢裁员，成本控制就可能变成一场空谈。同时裁员也是加强企业员工自身危机感的有效方式，有利于员工不断严格要求自己，加强自身能力建设。

让听得见炮声的人来决策

炮火也是有成本的，谁呼唤了炮火，
谁就要承担呼唤的责任和炮火的成本。

北非地区部努力做好客户界面，以客户经理、解决方案专家、交付专家组成的工作小组，形成面向客户的“铁三角”作战单元，有效地提升了客户的信任，较深地理解了客户需求，完成了良好有效的交付和及时的回款。

铁三角的精髓是为了目标，而打破功能壁垒，形成以项目为中心的团队运作模式。公司业务开展的各领域、各环节，都会存在铁三角。三角只是形象说法，不是简单理解为三角，四角、五角甚至更多也是可能的，这给下一阶段组织整改提供了很好的思路和借鉴。公司主要的资源要用在找目标、找机会，并将机会转化成结果上，我们后方配备的先进设备、优质资源，应该在前线一发现目标和机会时就能及时发挥作用，提供有效的支持，而不是让拥有资源的人来指挥战争、拥兵自重。

谁来呼唤炮火，应该让听得见炮声的人来决策。而现在我们恰好相反。机关不了解前线，但拥有太多的权力与资源，为了控制运营的风险，而设置了许多流程控制点，而且不愿意授权。过多的流程控制点，会降低运行效率，增加运作成本，滋生了官僚主义及教条主义。当然，因内控需要而设置合理的流程控制点是必需的。去年公司提出将指挥所（执行及部分决策）放到听得到炮响的地方去，已经有了变化，计划预算开始以地区部、产品线为基础，已经迈出可喜的一步，但还不够。北非地区部给我们提供了一条思路，就是把决策权根据授权规则授给一线团队，后方起保障作用。这样我们的流程优化的方法就和过去不同了，流程梳理和优化要倒过来做，就是以需求确定目的，以目的驱使保证，一切为前线着想，就会共同努力地控制有效流程点的设置。从而精简不必要的流程，精简不必要的人员，提高运行效率，为生存下去打好基础。

我们过去的组织和运作机制是“推”的机制，现在我们要将其逐步转换到“拉”的机制上去，或者说，是“推”“拉”结合、以“拉”为主的机制。推的时候，是中央权威的强大发动机在推，一些无用的流程，不出功的岗位，是看不清的；拉的时候，看到哪一根绳子不受力，就将它剪去，连在这根绳子上的部门及人员，一并减去，组织效率就会有较大的提高。我们进一步的改革，就是前端组织的技能要变成全能的，但并非意味着组织要去设各种功能的部门。基层作战单元在授权范围内，有权力直接呼唤炮火（指在项目管理上，依据IBM的顾问提供的条款、签约、价格三个授权文件，以毛利及现金流进行授权，在授权范围内直接指挥炮火，超越授权要按程序审批），当然炮火也是有成本的，谁呼唤了炮火，谁就要承担呼唤的责任和炮火的成本。后方变成系统支持力量，必须及时、有效地提供支持与服务，以及分析监控。公司机关不要轻言总部，机关不代表总部，更不代表公司，机关是后方，必须对前方支持与服务，不能颐指气使。

——摘自《让听得见炮火的人来决策》

延伸阅读

真正让听得见炮火的人（指一线营销人员）去做决策，是任正非这篇文章的核心。在这次讲话中，任正非用惯用的军事化语言对华为正在进行的组织结构调整的原因进行了明确的表述："我们现在的情况是，前方的作战部队，只有不到三分之一的时间是用在找目标、找机会以及将机会转化为结果上，而大量的时间是用在频繁地与后方平台往返沟通协调上。而且后方应解决的问题让前方来协调，拖了作战部队的后腿……"

任正非乐意重用刚出校门的学生，因为他们单纯执着、充满激情、不怕吃苦、最肯牺牲，并真诚地相信华为的产品是最好的。在华为的销售人员当中，刚出校门的学生往往比有销售经验和丰富人生经历的人做得更成功。"我要保证一线的人永远充满激情和活力！"任正非说。对一线人员期望如此之高，源于华为奉客户关系为至上。在非市场化环境中杀出来的华为，这是适者生存的秘籍，并被华为发扬到极致。如今华为与各地用户从高层到执行层密不可分的关系网络，就是这样一步步罗织起来的。

Business Develop

一架飞机正由纽约飞往洛杉矶，客舱里的一块镶板松动了。镶板尖锐的突起划破了一位乘客的袜子，他把这件事情告诉空中小姐。空中小姐手边没有工具，无法马上修理，于是她把这件事情记录下来，等到达目的地时再向联络办公室的人报告。可是联络办公室里除了一部电话和一套对讲系统以外，也没有工具。这时，空中小姐已经把问题反映上去了，在她看来，自己的工作已经算是完成了。当天下午，报告被送至"相关"部门。半小时之后，该部门又将报告放在技术部一名办事员的桌上。这名技术员不确定自己能否修复，但他并不担心，因为飞机此刻正翱翔在杜百克市（爱荷华东部的一个城市，位于洛杉矶至纽约的航线中途）上方约 31000 英尺的高空中。于是，他在一本皱巴巴的记录单上潦草地记上一笔：在可能的情况下进行修复。可以肯定的是，他一定会修好那个突起，不过是在刮破另外 10 名乘客的袜子之后。

企业越大，组织机构就越复杂，问题向上反映需要经过层层系统，当领导者做出决策后，往往已经耽误了解决问题的最佳时间。一线的员工往往更加了解问题所在，因为他们是真正在执行的人。企业想要确保执行效率，想要第一时间解决问题，不妨多给予一线的人员做决策的权力，让真正接触炮火的人来解决问题。

以恒变
应万变

世界上唯一不变的就是变化，贯彻永恒的是管理改进。

如果管理不从小改进做起，什么事都将做不成。世界上唯一不变的就是变化，贯彻永恒的是管理改进。现在华为公司面临一个战略转折点，那就是管理与服务的全面优化建设。因为如果没有良好的管理与服务，就不可能有市场的扩张，就不可能有所前进，所以管理的优化和服务意识的建立是公司的战略转折点。公司安排了 3 ～ 5 年时间来完成这个战略转移，如果能完成这个战略转移，我们的效益水平即使不能提高到和西方公司一样高，但至少也能缩小与它们的差距，那么我们也是迅猛异常了。华为公司能否在经过巨大的艰难困苦之后出现一个非线性的高速发展时期，关键在于管理与服务的全面建设问题。

中国五千年来就没有产生过像美国 IBM、朗讯、惠普、微软等这样的大企业。因为中国的管理体系和管理规则及适应这种管理的人才的心理素质和技术素质，都不足以支撑中国产生一个大企业，我们只有靠自己进步，否则一点希望都没有了，这种摸着石头过河的方法的艰难与痛苦可想而知。美国可以在产品技术得以突破之后，高举产品的大旗，招聘有各国工作经验的人才，就可打遍全世界，而华为公司取得产品技术突破之后，不仅不能打遍全世界，而且在本国也未必有优势。我们作为小公司，也可能会有世界级的发明、超时代的发明，但这个发明一旦被西方大公司察觉之后，他们在很短时间完全可能做出超过我们很多的产品，当他们的产品覆盖全世界时，我们的产品就不可能卖出去了。因此现在华为公司决心构筑管理与服务的进步，一旦出现新的机会点，抓住它，我们就可能成长为巨人。现在是有机会也抓不住，最多在中国非主流市场上打一个小胜仗，大量的国际市场让给了西方公司。因此我们新技术的出现往往不能带给我们巨大的利益，这个巨大利益怎样产生呢？那就是优良的管理和良好的服务。

——摘自《不做昙花一现的英雄》

延伸阅读

华为公司有一个《管理优化报》，是专门进行自我批评的。天津管局来公司访问时，提了一些意见，中研部、中试部全体员工组织听录音，认真反思，写了不少心得，《管理优化报》把它编成了一本书，叫《炼狱》。华为的管理优化进行得如火如荼的关键是任正非对管理的重视。

1995 年是华为管理进阶的起始年。这一年关于管理的关键词是：员工 100% 持股、产品多元化、发放股权凭证、发起“华为兴亡，我的责任”的大讨论、大规模推行 ISO9001 标准、《华为之歌》诞生、要求办事处搬到当地星级宾馆办公。此外，聘请中国人民大学教授团进行人力资源咨询，成立工资改革小组，设计工资分配方案。年底，任正非提出重建企业管理系统。1996 年 1 月，任正非要求总裁办牵头制定一部员工行事准则，于是《华为基本法》诞生了。

在任正非心里，只要有利于实现“成为世界级领先企业”的光荣与梦想，一切的改变和改革都是必要和必需的。不必继续追问这个理想背后的根源与动机，关键在于华为正在被理想驱使，并努力奋斗。

有这样一个小故事：很久以前有五个和尚住在一起，他们每天都分食一大桶米汤。但是因为贫穷，他们每天的米汤都是不够喝的。一开始，五个人抓阄来决定谁分米汤，每天都是这样轮流。于是每个星期，他们每个人都只有在自己分米汤的那天才能吃饱。

后来经过研究，他们推选出了一位德高望重的人出来分米汤。然而好日子没过几天，在强权下，腐败产生了，其余四个人都会想尽办法去讨好和贿赂分汤的人，最后几个人不仅还是饥一顿饱一顿，关系也变得很差。然后大家决定改变战略方针，每天都要监督分汤者，一定要把汤分得公平合理。这样纠缠下来，所有人的汤喝到嘴里时全是凉的。

最后大家想出来一个方法：轮流分汤。不过分汤的人一定要等其他人都挑完后，喝剩下的最后一碗。这个方法非常好，为了不让自己喝到最少的，每个人都尽量分得平均。在这个方法执行后，大家变得快快乐乐、和和气气，日子也越过越好。

实施制度管理是企业管理高效的一个重要方法，同样的五个人，不同的分配机制，就会产生不同的效果。如何制定一个完善的管理机制，是每个领导需要考虑的问题，完善的管理机制就是竞争力。

制度管理是以制度规范为基本手段协调组织协作行为的管理方式，一个具有制度完善的组织往往能够高效运营，但制度管理绝不是管理的全部。

企业管理是一个任重道远的课题，要随着市场、需求、员工等因素的变化而不断调整，只有能够将“以人为本”的管理模式与制度管理的模式成功结合，并不断发展完善的企业，才能在激烈的竞争中立于不败之地。

明哲保身的领导
一定会丢掉自己的位子

即使会触及很多人的利益，也要为庞大的机关部门消肿。

庙小一点，方丈减几个，和尚少一点，机关的改革也应该是这样。总的原则是我们一定要压缩机关，为什么？因为我们建设了IT。为什么要建设IT？道路设计时需要博士，炼钢制轨需要硕士，铺路需要本科生，但是道路修好了扳道岔就不要这么高的学历了，否则谁也坐不起火车。因此当我们公司组织体系和流程体系建设起来的时候，就不要这么多的高级别干部了。建立流程的目的就是要提高单位生产效率，如果一层一层地减少一批干部，我们的成本就会下降很快。在本职工作中，我们一定要敢于负责任，使流程速度加快，对明哲保身的人一定要清除。华为给了员工很好的利益，于是有人说千万不要丢了这个位子，千万不要丢掉这个利益。对于凡是要保自己利益的人，都要免除他的职务，他已经是变革的绊脚石。在去年一年的时间里，如果没有改进行为的，甚至一次错误也没犯过，工作也没有改进的，可以就地免除他的职务。他的部门的人均效益没提高，他这个科长就不能当了。他说他也没有犯错啊，没犯错就可以当干部吗？有些人没犯过一次错误，因为他一件事情都没做。而有些人在工作中犯了一些错误，但他管理的部门人均效益提升很大，我认为这种干部就要用。

我们要简化不必要确认的东西，要减少在管理中不必要、不重要的环节，否则公司怎么能高效运行呢？我们一定要在监控有效的条件下，尽力精简机关。秘书有权对例行的管理工作进行处理，经理主要对例外事件，以及判别不清的重要例行事件做出处理，例行越多，经理就越少，成本就越低。一定要减少编制，我们的机关编制是过于庞大的。在同等条件下，机关干部越少越好，当然不能少到一个人也没有。因此我们一定要坚定不移地把一部分机关干部派到直接产生增值的岗位上去。机关的考评应由直接服务部门进行打分，它要与机关的工资、奖金的组织得分挂钩。这也是客户导向，内部客户也是客户。

庞大的机关一定要消肿。在这个变革过程中，会触及许多人的利益，也会碰到许多矛盾，领导干部要起模范作用。要有人敢于承担责任，不敢承担责任的人就不能当干部。

——摘自《华为的冬天》

延伸阅读

中国企业发展过程中，遇到的一大问题就是机构臃肿、效率低下。众多国有企业和部分民营企业在改革前，内部普遍存在机构臃肿、人浮于事、效率低下的问题，减员增效的呼声越来越高。华为也一度面临同样的问题，1998 年，经过 1997 年前后大规模扩招人才，华为员工已经突破 8000 人，而华为在海外市场上的业绩仍然没有多大的起色。这导致华为人均效益的下降，任正非认为，如果效益无法提高，利润无法获得增长，那么现行的工资将无法维持，减员增效势在必行。

在访问了美国、日本和德国等国家的先进企业之后，他深深感到与世界先进的管理体系相比，华为还有很大的差距，如在绩效管理时最容易犯的错误是只关注绩效结果，不关注绩效改进，在对新员工与老员工进行绩效评定时尤其突出。老员工由于本身任职能力强，产出多，但可能相当长时间没有进步；新员工由于来公司时间短，产出少，但进步大。对这种情况有些主管只比多少，不比进步，打击了员工不断改进的积极性。

华为采取如下方式改进绩效：首先，分析员工的绩效考核结果，找出员工绩效中存在的问题；其次，针对存在的问题，制订合理的绩效改进方案，并确保其能够有效地实施，如个性化的培训等；再次，在下一阶段的绩效辅导过程中，落实已经制订的绩效改进方案，尽可能为员工的绩效改进提供知识、技能等方面的帮助。

华为的市场部机关曾经被任正非盖上了“无能的机关干部”的标签，因为其办事效率低下，且过于依赖他人服务，掌握不了程序化、系统化的工作方法。任正非认为，对事负责和对人负责是两个不同的概念。在华为的发展过程中始终存在一批干部，习惯于事事向上级请示，也就是任正非所说的“对人负责”。对人负责的态度造成了华为的机关部门一定程度上人事臃肿，办事效率低下。对此任正非强调，要建立以流程型和时效型为主导的体系，即对于已经有规定，或者成为惯例的东西，不必请示，直接通过。

针对市场部机关，任正非规定“从明天开始，市场部把多余的干部组成一个数据库小组，所有数据只能向这个小组要，不能向办事处要，办事处一定要给机关打分，你们不要给他们打那么好的分，让他们吃一点亏，否则他们不会明白这个道理，就不会服务于你们，使你们作战有力”。

Business Develop

企业减员增效是指通过持续重组和深化用工制度改革，使员工总量逐年减少，员工队伍素质逐年提高，员工队伍结构逐步趋于合理，人工总成本得到有效控制，劳动效率有较大幅度提高。

企业减员增效有两种主要形式：一是精干主体、分离辅助，即将企业非生产部分和间接辅助部分从企业主体分离出去，面向社会，创收节支，独立核算，自负盈亏；二是下岗分流、转岗就业，即按合理用工定额，确定主体职工编制，通过竞争上岗，裁减富余人员，使多数下岗职工向非工业转移。

任正非所提倡的减员增效，是指尽可能地发挥出每一名员工的能力，以最少的人力收获最让人满意的结果。对企业来说，是否应采取“减员增效”的措施还应根据企业自身的具体情况和所处的环境来决定，因为减员有时未必能增效，还需要企业承担一定的风险后果。

举例来说，减员后企业可能要面对这些风险。

首先，是关键人才、重要技术、商业秘密的流失风险。

许多企业在裁员时把注意力集中在人工成本上，对员工能为企业创造的价值视而不见，没能像评估机器、房产、专利等财务资产一样评估员工的价值，结果裁员中丧失了一些对企业的发展富有价值的人才。尤其是结构性裁员中，企业的一些部门甚至整个事业部会因业务调整而被砍掉，大量优秀员工往往随之被解雇，他们所掌握的企业生产管理技术、客户关系、商业秘密随之流失。当企业度过一时的困难，回头需要扩充人员时，却发现那些具有潜力的员工已为他人所用，削弱了本企业的核心竞争力。

其次，是实施操作与内部公平风险。

在裁员目标人员确定、员工总量变化、裁员过程控制、裁员赔偿、裁员方式方法选择实施操作的各个环节和技术上都存在一定的风险。如果企业在裁员的政策、规则、标准、程序以及操作上不能公平公正地对待员工，不能维护被裁员工的合法权利，则不仅会造成被裁人员的争辩、反对和联手抵抗；而且最坏的情况是，留任员工自危、焦虑、意志消沉、对企业不信任而士气低迷。有研究资料显示，如果裁员使部门规模缩减一半或三分之二，或使留任员工的工作负荷增加到以前的两至三倍时，员工就会表现出保守、恐惧、畏缩或麻木等消极反应。

再次，是要素资源匹配度低，投入与产出不统一风险。

企业绩效的提升乃是投入与产出的统一，裁员只有在企业经营绩效的稳定或增长时才有意义。在减少人力资源投入的前提下，改进或提高企业绩效的根本路径，得依靠提高人、财、物、技术、信息等要素资源的集合优度，依靠从资源投入成果产出的转化效率提高。实践中，有不少管理者容易把注意力放在节省人力成本或人力资源使用上，不去花气力相应提高要素资源的匹配优度和资源到成果的转化效率,结果往往陷入裁员先行（或单行）,投入与产出不统一，减员难以增效的系统风险之中。

最后，企业“软”实力受损风险。

许多企业的裁员行为着眼于企业财务资产、资源、技术效率、利润率等硬实力的提升，到头来却往往由于损伤其形象、口碑、品牌、影响力、文化、传统、行为规范、心理契约等“软”实力而无助其核心竞争力的增强。企业裁员时，应认真把握企业自身一贯奉行的价值观念、管理方式、行事风格、企业文化等软实力。企业降低软实力的损失并不亚于硬实力降低的损失，而且是长时间难以弥补的。

裁员举措在一定环境、条件和时间下，确实能给企业有针对性地摆脱困境带来积极效用，但同时也给企业留下一些隐患。随着时间的推移，当企业的经营环境和业务情况发生变化，当运营状况超越裁员的原有前提和边界时，它对企业的积极作用就开始降低、扭曲，甚至走向反面。因此，裁员策略往往潜藏着短期脱困与长期发展相冲突的风险。这就告诫我们，裁员无论何种原因都应当始终基于企业的竞争环境、发展战略、产品和服务市场的发展变化需要。

除非非改不可，否则不要改革

对一个正常的公司来说，频繁地变革，内外秩序就很难安定地保障和延续。

变革，究竟变什么？这是严肃的问题，各级部门切忌草率。一个有效的流程应长期稳定运行，不因有一点问题就常去改动它，改动的成本会抵消改进的效益。对于已经证明是稳定的流程，尽管发现它的效率不是很高，除非我们整体设计或大流程设计时发现缺陷，而且这个缺陷非改不可，其他时候就不要改了。今年所有的改革必须经过严格的审批、证实，不能随意创新和改革，这样创新和改革的成本太高。要保证IT能实施，一定要有一个稳定的组织结构、稳定的流程，盲目创新只会破坏这种效率。我们不要把创新炒得太热，我们希望不要随便创新，要保持稳定的流程，要处理好管理创新与稳定流程的关系。尽管我们要管理创新、制度创新，但对一个正常的公司来说，频繁地变革，内外秩序就很难安定地保障和延续。不变革又不能提升我们的整体核心竞争力与岗位工作效率。

——摘自《华为的冬天》

延伸阅读

任正非认为，所有的员工都不能站在自己的角度立场想问题，而是应该立足于公司大局，从集体利益的角度出发做事。因为没有宽广的胸怀，就不可能正确对待变革；如果不能正确对待变革，抵制变革，公司就会死亡。在这个过程中，华为一方面要求员工努力提升自己，一方面要求员工团结在一起，提高组织效率，并把自己的好干部送到别的部门去，使自己的部下有提升的机会。通过这种方式，华为亦减少了编制，避免了裁员、压缩。任正非表示，在改革过程中，很多变革总会触动某些员工的一些利益激发某些矛盾，希望大家不要发牢骚、说怪话，特别是干部要自律，不要传播小道消息。每一个人都要站在严格要求自己的角度说话，甚至也要把自己的家属管好。一个传播小道消息、不能自律的人，是不能当干部的，因为部下的许多事上司都知道，上司有传播习惯，同样会触及部下的利益。因此，华为所有的员工都要自律、禁止小道消息的传播，并帮助公司防止这些人成为干部。

Business Develop

实达公司是 20 世纪 90 年代国内 IT 界的著名企业。1998 年 7 月，一次偶然的机会，时任实达总裁的叶龙认识了麦肯锡咨询公司的专家，双方交谈甚欢。经过麦肯锡的市场调研，实达高层决定做一个 300 万的咨询项目：建立高绩效的营销体系，对实达以往的管理架构进行全面变革。

麦肯锡提供给实达两个方案：一个是一步到位，一个是渐进式的。实达高层迫切希望改变，最后选择了一步到位的方案。然而实达人一时适应不了这种改革，内部管理一片混乱。新管理体系在推行的过程中给集团经营造成了较大的负面影响，直接导致了 1999 年上半年经营业绩的滑坡，同时也加重了集团应收账款、物流及库存积压的损失。1999 年 6 月，管理重组变革方案正式宣告失败，总裁叶龙引咎辞职。

实达为什么瞬间崩塌？实达的确非常重视变革，领导层求变的心情非常急切，然而心急吃不了热豆腐，实达失败就失败在急迫上。在变革过程中，领导层忽略了很多前提性问题。第一，引进麦肯锡的方法，未必适合实达实际。对麦肯锡的方法没有进行过检验和测试，就将之推向组织内部。对于究竟会带来多大的震荡，实达也缺少严密的分析。第二，即使麦肯锡的方法没问题，在选择变革战略时也犯了冒进的错误。一步到位的方法，尽管效率高，却存在巨大的风险，企业变革的速度和风险成正比关系，变革前，必须经过充分酝酿。然而，实达仓促行事，变革之前既缺少论证，又没有充分酝酿。第三，过多注意管理层的需要，却忽视了市场的需要和操作的难度。正是因为在变革中忽视了以上三个基本问题，使实达管理陷入混乱，企业稳定的基础被打破，新的制度尚未建立，旧的已经全面坍塌，组织也随之崩溃。

优秀的决策者绝不会把决策建立在没有论证和预测的基础上。变革固然重要，失去稳固基础的变革就是自取灭亡。那些冲动的企业家和管理者，往往过分依赖自己的经验，对形势的判断过于乐观，对变革所带来的反弹和冲击没有足够的认识，这不是成熟的企业家。而卓有成效的企业家，越是渴望变革，越会冷静地克制自己，理性地分析现实。他们会充分考虑各种因素后，在企业内外建立连续性，然后才会举起变革的旗帜，大刀阔斧地前进。

市场
是未来的唯一导向

现在市场变化了，客户需求也变化了，我们可以扁平一点。

打仗的队形是可以变换的。原来我们往核心收得太厉害了，这样我们的技术进步快了，而市场就弱了一点。现在市场变化了，客户需求也变化了，我们可以扁平一点。在攻克新技术时，使队形变得尖一些，增大压强，以期通过新技术获得多一些的市场。当新技术的引导作用减弱的时候，我们要使队形扁平化一些，多做一些有客户现实需求但技术不一定很难的产品。

比如，一讲到宽带，大家就说一定要可运营可管理，一定要打倒CISCO，我们是否也可以举起右手支持CISCO，赚拥护CISCO的客户的钱。举起左手也可以做可运营可管理，赚反对CISCO的客户的钱。在工作中不能强调一边就忽略另一边，不能走极端。眼前我们的问题是利润不够，所以队形要根据市场进行变化，不能僵化和教条，要有灵活机动的战略战术，我们的宗旨就是活下去。研发对结构继续进行改革是允许的，不能把所有的东西都搞成僵化不变的。我们整个体系还没有完全按IPD运作，会存在流程不畅的问题。流程打通是迫在眉睫的，怎样打通全流程，希望每个PL-IPMT（产品线）提一个小组名单，组成跨部门的小组，先把市场、用服、研发打通，然后再把生产、采购捆进来，共同整改流程打通问题，简化程序。成立这个跨部门小组，这个小组就代表公司，具有决定权，统管所有的流程。当然，这个小组主要是理顺产品线全流程，并不是多了一层机构。

压强原则和组织结构的方向是一致的。当我们的形势变化了，我们一定要及时调整组织结构，如果抱着一定要做世界上最先进的产品的理想，那么我们就面临着很大的危险。我们的结构调整要完全以市场为导向，而不能以技术为导向，在评价体系中同样一定要以市场为导向。

——摘自《任正非：在研委会会议上的讲话》

延伸阅读

在中国电信 3G 上网卡集采中，华为多款 3G 上网卡中标，累计中标份额超过 50%。华为终端营销工程部部长陈崇军表示，“华为数据卡产品有着难以复制的独特优势，近期在多家运营商的集采中接连获得大单，这证明了华为的 3G 产品得到运营商的充分认可”。

中国联通首轮 WCDMA 上网卡招标中，华为公司有两款产品中标，在联通首轮 3G 上网卡招标中，同时中标份额为 44%，排名第一。

虽然以低价策略和“为客户提供更为优惠的商务条件”使华为从电信行业一支毫不起眼的弱旅，迅速在全球扩张，但它带来的副作用也是显而易见的。有观点认为，华为对金融杠杆的运作“是在钢丝上行走”，尤其是 2007 年，其营业利润率已经从 2003 年的 19% 下降到了 2007 年的 7%，净利润率则从 14% 下降到了 5%；与此同时，华为过去相对低的资产负债率也在攀升，2005 年之前，华为负债率控制在 50% 以下，2007 年已经达到 67% 的高位。

在利润率下降的关键时刻，任正非及时地改变了策略。“王小二卖豆浆，能卖一块钱一碗，为什么要卖五毛钱？我们产品的毛利，要限定在一定水平，太高或太低都不合适。”任正非如此戏言。其实，“华为凶猛”绝不是低价那么简单，而是运用智慧在成本与赢利之间巧妙地找到平衡。在已经通过低利润率完成全球市场扩张后，华为又调整了竞争方式和手段，重新衡量了成本和利益之间的关系。

Business Develop

组织结构设计的目的就是适应变化、应对变化，获得竞争胜利。一个极其僵化的组织结构是不稳定的，是脆弱的。组织结构只有能使自己适应新的情况、新的需求、新的条件时，才能继续存在。所以，组织结构要有高度的适应性。

根据客观需要而进行组织结构设计，体现的是一种管理应需而变的思想。但凡是伟大的企业，管理应需而变都是其成功的最重要的法宝。

我们以肯德基为例。如果在中国进行民意调查，能够让妇孺皆知的国外品牌，肯德基肯定是其中之一，可见肯德基对民众生活的影响，以及它在中国获得的成功。但是，就是这个在今天看来如日中天的品牌，也曾有过在中国败走麦城的经历。

1973 年肯德基大举进入香港，肯德基高层过于乐观估计香港的市场，在不到一年的时间里就迅速扩张了 11 家店。但是市场很快就给他们当头一棒。因为未能找到一个适合香港本土的经营模式，结果在 1975 年时只好相继关闭所有的餐厅，撤出香港。

10 年后，他们带着失败的教训，重新踏上香港这片土地，通过特许授权的方式，在香港开始走向成功。与此同时，他们将市场开拓到中国内地，于 1987 年在北京天安门广场附近开设了其首家中国内地分店。应该说，之前在香港失败及后来成功的经历为肯德基进入中国内地提供了极其宝贵的经验。

在当时的政策环境下，外资企业除了和本土企业进行合作外，没有第二条路可走。在这个时代背景下，肯德基选择有政府背景的当地企业进行合作。这种合作充分体现了肯德基应需而变的管理策略和适应能力。当政策出现变化，合资经营不再是硬性规定时，肯德基开始转向独资，并迅速走上高速扩张之路。从 1987 年到 2007 年的 20 年间，肯德基这个名字遍布了中国神州大地，店面数量多达 2000 家。

应需而变使肯德基在激烈的快餐食品竞争中把握住了主动权。一旦出现发展机遇，相应的部门就会迅速出动，捕捉机遇。在这个过程中，是单个部门或几个部门的行为，而非公司整体行动，既获得了成果，又避免了资源浪费。基于市场需要而不断变化的组织结构，具有很强的灵活性，在各种环境下都能很好地适应并获得成功。

第九章

接轨国际，做领先企业

跨出国门，成为一家国际性企业是面对危机的必然要求。华为成为成功的国际化企业，中国企业的未来，是靠华为这样的企业推动的。

华为荣耀之——长期的企业发展战略

强者生存：
“深淘滩，低作堰”

从上游到下游的产业链的整体强健，就是华为生存之本。

“深淘滩，低作堰”，是李冰父子两千多年前留给我们的深刻管理理念。同时代的巴比伦空中花园、罗马水渠、澡堂，已荡然无存，而都江堰仍然在灌溉造福成都平原。

为什么？

李冰留下“深淘滩，低作堰”的治堰准则，是都江堰长盛不衰的主要“诀窍”。其中蕴含的智慧和道理，远远超出了治水本身。

华为公司若想长存，就要学习这些准则。

深淘滩，就是不断地挖掘内部潜力，降低运作成本，为客户提供更有价值的服务。客户绝不肯为你的光鲜以及高额的福利多付出一分钱。我们的任何渴望，除了用努力工作获得外，别指望天上掉馅饼。公司短期的不理智的福利政策，就是饮鸩止渴。低作堰，就是节制自己的贪欲，自己留存的利润低一些，多一些让利给客户，以及善待上游供应商。将来的竞争就是一条产业链与一条产业链的竞争，从上游到下游的产业链的整体强健，就是华为生存之本。物竞天择，适者生存。

——摘自《华为的冬天》

延伸阅读

面对金融危机带来的前所未有的压力，任正非在2009年初华为公司的一次内部讲话中，提出了一个很有意思的新理念，叫作“深淘滩，低作堰”。“深淘滩”就是多挖掘一些内部潜力，确保增强核心竞争力的投入，确保对未来的投入，即使在金融危机时期也不动摇；“低作堰”就是不要因短期目标而牺牲长期目标，多一些输出，多为客户创造长期价值。“深淘滩，低作堰”是对华为商业模式的一种概括。高科技企业“高投入，高回报”传统商业模式，早已深入人心。当科技企业持续在研发上“高投入”，形成了一定形式的成本优势，企业无不正大光明地把“高回报”装入袋中。有些巨无霸一旦形成垄断，还千方百计地制造壁垒，压制创新技术的应用。任正非不认同这样的哲学。去年中国电信CDMA网络工程招标，朗讯、阿尔卡特、北电等巨头，纷纷投出了70亿至140亿元的标，而华为却只报了不到7亿元的超低价。一时间华为“裸奔”“不正当竞争”等评论铺天盖地，而任正非则很淡然。他认为这既是华为成本优势地头力的集中体现，又是华为一贯经营战略的具体体现。华为历来秉持的是“低作堰”，与运营商形成共生的关系，用低价减轻运营商的成本压力，让利给运营商，赢得其长期信任与合作，最终定能取得合理回报。

“深淘滩，低作堰”也是对华为内部运营模式的一种概括。从一线摸爬滚打出来的任正非，最重视一线的“深淘滩”。当公司一个个业务现场，都具备了很强的突破能力，都能做到精进、极致时，公司的竞争力就会特别强大。而要形成这样的局面，最为重要的是让所有层级的高管，都戒掉颐指气使的工作方式，真正成为一线的服务生或仆人。这样才会形成上下合一的氛围。任正非作为创始人，从来不缺乏贴近一线的激情和对一线的敬重。他习惯于把意识化为具体行动，不断缩小自己的持股比例，扩大华为股东群体，不断把公司利润转移为员工的福利，以至于华为的高工资成为中国企业界的一道独特风景。

“深淘滩，低作堰”还是对华为学习型组织的一种概括。任正非是一个学习能力很强的人，能够随时清空那些既定的经验和做法。任正非清醒地认识到，现在到了一个要否定以前助推华为成功的经验、做法、体制、流程等既定的东西的转折点。华为只有“低作堰”，才能不断排除公司沉积下的淤泥，才能让华为保持活力，才能把公司外部新的东西不断引进来。有了这样的氛围，才能使华为上下坚定不移地“深淘滩”。他呼唤地头力，呼唤一线追求极致的创造，就是这种不断精进精神的体现。

Business Develop

任正非其实是在反思华为过去与合作伙伴之间的竞争关系，希望将以前的恶性竞争转变为良性竞争，要打造价值链的优势，降低成本。华为走到今天，利润率越来越低，如果利润还靠过去那种不惜成本、不计代价的方式运作，肯定面临利润率下降的风险。他发表这个讲话，就是想在企业内部的效率上进一步挖潜，提高利润率。

资源整合的目的是通过组织制度安排和管理运作协调等来增强企业的竞争优势，实现企业资源的最大化利用，从而提高客户服务水平，企业获得赢利。深入挖掘企业的利润率，不断进行资源整合是一条重要的途径。企业资源整合一般体现在以下五方面：

1. 优化企业内部产业价值链

企业为了提高整个产业链的运作效率，也为了用较低的成本快速占有市场，同时满足客户日益个性化的需求，需要不断优化内部产业价值链，将关注点集中在产业链的一个或几个环节，还以多种方式加强与产业链中其他环节的专业性企业进行高度协同和紧密合作，从而获得核心竞争力，击败原有占绝对优势的寡头企业。

2. 深化产业价值链上下游的协同关系

企业通过合作、投资、协同等战略手段，在开发、生产和营销等环节与产业价值链上下游企业进行密切协作，加强与这些企业的合作关系，使企业自身的产品和服务进一步融入客户企业的价值链运行中，从而提高企业的运作效率，进而帮助其增加产品的有效差异性，提高产业链的整体竞争能力，整体化优势快速占领市场。如洛克菲勒从石油产业的下游向上游拓展产业链,实现资源的最大化利用。

3. 把握产业价值链的关键环节

初创企业在发展过程中，必须明确自己的核心竞争力，紧紧抓住和发展产业价值链的高利润区，并将企业资源集中于此环节，构建集中的竞争优势，借助关键环节的竞争优势,获得对其他环节协同的主动性和资源整合的杠杆效益，使企业成为产业链的主导。如西洋集团，就是通过控制整个产业链的所有关键环节，挖掘每个环节利润，并将其做到各自环节的专业化最强，给竞争对手设置了难以跨越的进入壁垒，同时也将整个终端产品的成本降到最低点，从而形成压倒性的竞争优势，演绎了一条产业链循环赢利模式的成功之路。

4 . 强化产业价值链的薄弱环节

管理学中有个木桶原理：一个木桶由许多块木板组成，如果组成木桶的这些木板长短不一，那么这个木桶的最大容量不是取决于最长的木板，而是取决于最短的木板。因此，企业在关注核心领域的同时，也要强化产业价值链中的薄弱环节。

企业可通过建立战略合作伙伴关系或者由产业链主导环节的领袖企业对产业链进行系统整合等方式，主动帮助和改善制约自身价值链效率的上下游企业的运作效率，实现整个产业链的运作效率的提高，使公司的竞争优势建立在产业链整体效能释放的基础上,并同时获得相对于其他链条上的竞争对手的优势。如青岛啤酒对全国 48 家低效益啤酒厂的收购整合、蒙牛对上游奶站的收购等，都属于强化产业价值链薄弱环节的范畴。

5. 构建管理型产业价值链

企业在资源整合的时候，为了使自己始终保持竞争优势，不能仅仅满足于已取得的行业内的竞争优势和领先地位，还需要通过对以上几种产业链竞争模式的动态运用，去应对整个产业价值链上价值重心的不断转移和变化。同时还要主动承担起管理整个产业链的责任，密切关注所在行业的发展和演进，这样才能使产业链结构合理、协同效率高，引领整个行业应对其他相关行业的竞争冲击或发展要求，以保持整个行业的竞争力，谋求产业链的利益最大化。

管理体系
必须与国际化接轨

华为的官僚化虽还不重，但是苗头已经不少。

1993 年初，当郭士纳以首位非 IBM 内部晋升的人士出任 IBM 总裁时，提出了四项主张：1. 保持技术领先；2. 以客户的价值观为导向，按对象组建营销部门，针对不同行业提供全套解决方案；3. 强化服务、追求客户满意度；4. 集中精力在网络类电子商务产品上发挥 IBM 的规模优势。

我们对 IBM 这样的大公司，管理制度的规范、灵活、响应速度不慢有了新的认识。对我们的成长少走弯路，有了新的启发。华为的官僚化虽还不重，但是苗头已经不少。企业缩小规模就会失去竞争力，扩大规模，不能有效管理，又面临死亡，管理是内部因素，是可以努力的。规模小，面对的都是外部因素，是客观规律，是难以以人的意志为转移的，它必然抗不住风暴。因此，我们只有加强管理与服务，在这条不归路上才有生存的基础。这就是华为要走规模化、搞活内部动力机制、加强管理与服务的战略出发点。

华为从小公司演变发展而来，不良习气还在我们身上不断地散发；组织体系也从没有经历过如此扩张，管理的脆弱，一定会在高速膨胀中显现出来;我们的队伍太年轻，好奇心、兴趣点还没有转到做实上来，幼稚还是我们向日葵般面庞的写照。而在我们前面是竞争对手，后面也是竞争对手，他们的强大是我们年轻队伍不曾感受过的，后来者的生机蓬勃，也是我们始料不及的。后退是没有出路的，落后只有死路一条。狭路相逢勇者胜，唯有针对自身建设上的弱点，毫不遮掩地揭露和改正，才能使我们真正健康起来，强大到足以参与国际竞争。我们真正战胜竞争对手的重要因素是管理与服务，并不完全是人才、技术与资金，上述三要素没有管理形不成力量，没有服务达不到目标。至少华为近两三年生死存亡的问题是管理与服务的进步问题。

管理是世界企业永恒的主题，也是永恒的难题，华为在第二次创业中更加不可避免。人才、资金、技术都不是华为生死攸关的问题，这些都是可以引进来的，而管理与服务是不可照搬引进的，只有依靠全体员工共同努力去确认先进的管理与服务理论，并与自身的实践紧密结合起来，才能形成我们自己的有效的服务与管理体系，并畅行于全公司、全流程。

有管理进步的愿望,而没有良好的管理方法与手段,必定效率低下，难免死亡。华为公司的人均效益和西方公司比较至少要低三倍以上，那么我们浪费的是什么呢?是资源和时间，这是因为管理无效造成的。我们正在引进西方的各种先进管理，要通过我们的消化来融会贯通。

公司现在最严重的问题是管理落后，比技术落后的差距还大。我们发展很快，问题很多，管理不上去，效益就会下滑。现在当务之急是要向国外著名企业认真学习，我们聘请了非常多的国外大型顾问公司给我们提供顾问服务。如我们的任职资格评价体系，是请的美国 HAY 公司来做顾问的。通过自己的消化吸收，一点一点地整改。任何整改都得先刨松土壤，这就要先从自我批评入手，才能听得进别人的意见。

——摘自《我们向美国人民学习什么》

延伸阅读

2007年初，任正非亲自给IBM公司CEO彭明盛写了封信，希望效仿IBM的财务管理模式进行转型。华为需要的不是一般的财务咨询顾问，IBM公司自己的财务人员必须亲自参与其中。之所以认定IBM，是因为前期IBM帮助华为实施IPD等项目，带给华为“脱胎换骨式的改变”。

向IBM等优秀的大型跨国企业学习如何提升企业管理水平，如何对财务进行卓越化、精细化、预见性管理。尤其在2007年至2008年左右，财务管理、资金管理显得更加重要。任正非曾说，“我知道我们接了许多订单，但不知道哪些是赚钱的”，究其原因，就是企业发展太快了，财务管理水平跟不上，因此从2007年到2008年，华为的利润率是比较低的，对财务与资金管理系统调整、充实、提高完成后，或许会提高一些。

2007年，任正非已经意识到了华为“土狼式”冲锋快要走到极致，仅仅依靠人海战术抢夺市场份额越来越难，在欧美等成熟海外市场的扩展必须得依靠更为细致的管理，这其中，财务成本控制最为重要。

在战略管理上，任正非高度重视公司运营中的现金流问题。通过公司间的并购整合，通过及时出售、分离部分资产，通过多次内部融资，通过与国家开发银行的务实合作，华为在不同的历史时期保持了公司现金流的充沛，保证了华为经营的正常化与抵御危机的能力。因此华为在不断成熟，管理不断优化。尤其是企业规模越来越大，能否有效突破发展中的每一个天花板，成为对企业家的严峻考验。而华为的应对总是积极的、卓有成效的，其应对方法与应对策略，也令人耳目一新、振奋鼓舞。

华为有一张名为《管理优化报》的报纸，是专门对华为人自身的缺点、管理的薄弱环节进行批评、反思的。在任正非看来，在华为国际化的过程中，管理也必须不断提升，这就是优化的过程。

任正非认为，华为要走向国际化，管理体系必须与国际化接轨。实行职业化管理和拥有国际化人才是成为世界一流企业的必要条件。1997 年开始，华为与国际著名的顾问公司合作，逐步建立起了以职位体系为基础、以绩效与薪酬体系为核心的现代人力资源管理制度，并实施了以集成产品开发、集成供应链为核心的业务流程变革。2003 年开始，华为又进行组织机构的重大调整，将过去集权化的公司组织向产品线、准事业部制改变，缩小利润中心，加快决策速度，适应快速变化的市场，增强“以小搏大”的差异化竞争优势，逐渐建立起一套国际化的管理体系。

Business Develop

中国企业管理模式属于群体主义文化下的文化管理。单个企业成功的例子是海尔管理模式，支持了海尔二十几年的高速成长壮大，对海尔管理成功经验的具体分析，在《海尔企业文化的结构、功能分析与启示》一文中有所总结。温州企业之间自发形成的产业集群是供应链上企业联盟成功的例子。这些成功的例子，都是以群体主义价值观为文化支撑而形成的。

日本企业将工业工程理论与日本文化相结合，创造出了丰田生产模式。中国企业也需要在学习外国成功的企业管理经验中，结合自己的文化特质进行管理制度、管理模式的创新。在学习借鉴欧美与日本的企业管理经验过程中，应注重以企业文化建设促进对日本管理经验的吸收；重视以文化管理思路促进企业管理科学化的重要性，将群体本位价值观与西方现有的人力资源管理制度结合在一起。

在中国企业管理模式创新的过程中，无论是在企业内部管理中学习外国管理经验进行管理制度创新，还是在激烈的市场竞争中，尝试通过横向或纵向的企业间联合进行研发投资实现技术创新，以群体为本位的制度设计思路，是中国企业做大做强的必然选择与创新方向。

在管理的优化过程中，中国企业不妨借鉴C管理模式。C管理模式，就是构建一个以人为核心，形神兼备、遵循宇宙和自然组织普遍法则，能够不断修正、自我调节、随机应变的智慧型组织，并将中国人文国学（为人处世之道）与西方现代管理学（做事高效高量之法）相互融合，进行企业人性化管理的一种新型企业组织管理运营模式。

这种以人为运营核心的、具有更大的能动性和更强的应变能力的企业组织，简称为"智慧型组织"。由于它是继金字塔形机械式组织（A管理模式）、学习型扁平式组织（B管理模式）之后出现的第三种组织模式，并且是在西方先进的现代管理学的基础上，融入了中国国学之大智慧的组织类型，因而取"CHINA"的第一个字母"C"，为这个智慧型组织命名为"企业C管理模式"。"以人为核心"是构建智慧型组织的基本，是C管理模式的关键；"以人为本"运营智慧型组织，是C管理模式的原则；"道法自然"，遵循自然组织的普遍规律和基本法则，是C管理模式的特征。

社会在变，制度在变，行业在变，员工在变，一切都在变，在这一切变化了之后，企业所使用的管理学原理，有理由迫切需要一个全新的具有实效性的适应时代需要的变革。竞争日益激烈的市场要求每一名企业管理者不断根据自身情况，选择适合的管理模式。

合作
才有永恒的优势

所谓的营销国际化，不是在国外建几个工厂，把产品卖到国外去就够了。

在下一步的发展中，我们已制订了第二次创业规划，我们将在科研上瞄准世界上第一流的公司，用十年的时间实现国际接轨。这个目标我们分三步走，三年内生产和管理上实现国际接轨，五年在营销上实现国际接轨，十年在科研上实现国际接轨。这里，我要说的是，我们所谓的营销国际化，不是在国外建几个工厂，把产品卖到国外去就够了，而是要拥有 5 ~ 6 个世界级的营销专家，培养 50 ~ 60 个指挥战役的“将军”。我们现在正在建设一个较大规模的工厂，厂房的长度是 300 米，宽度是 180 米，总面积达 13 万平方米。我们已投资 1000 万人民币引进 MRP II 的软件，这个管理软件通过我们一年到两年的消化和提高，将使我们的企业管理水平和生产管理水平达到国际水准。同时，投资 2.5 亿，引进先进的加工生产设备，引进与研制相结合各种调测设备。跨过这个世纪后，我们的工业产值将超过百亿。

我对奋战在各条战线、为此成绩而努力的人们，表示真诚的感谢。他们都是在思想上艰苦奋斗的榜样，我们要向他们学习，踏踏实实、矢志不渝、集中精力钻研一项成果的精神。自企业成立以来，公司高层管理团队夜以继日地工作，有许多高级干部几乎没有什么节假日，24小时不能关手机，随时随地都在处理突发的问题。现在，更因为全球化后的时差问题，总是夜里开会。我们没有国际大公司积累了几十年的市场地位、人脉和品牌，只有比别人更多一点奋斗，只有在别人喝咖啡和休闲的时间努力工作，只有更虔诚地对待客户，否则我们怎么能拿到订单？

成功使我们获得了前所未有的条件与能力；成功使我们有信心、有实力去系统地克服迅速成长中的弱点；成功使我们有勇气、有胆略去捕捉更大的战略机会，使我们从根本上摆脱过去，获得内在可持续成长的生命力。

——摘自《任正非：加强合作，走向世界》

延伸阅读

任正非认为，跨出国门，成为一家国际性企业是面对危机的必然要求。正如他所讲的，“我们总不能等到没有问题才去进攻。我们要在海外市场的搏击中，熟悉市场，赢得市场，培养并造就干部队伍。我们现在还十分危险，完全不具备这种能力。若三至五年内建立不起国际化的队伍，那么中国市场一旦饱和，我们将坐以待毙”。任正非雄才大略，目光深远，深谋远虑，他不是一个政治家，却有着一个政治家的敏锐眼光，有着一个政治家的谋略与胆识，这正是他能够在市场经济的大浪淘沙中勇立潮头的重要原因之一。

在他的带领下华为在通信市场上摧城拔寨，研发出一项又一项新的产品和技术，从国际电信大鳄口中抢单，结网式地搜夺人才，并将员工培养成富有攻击性、忧患意识和团队精神的“华为狼”。任正非遭遇过中国社会的数次大变革，始终在经济和政治的动荡间有力生存，终铸大业。

当时国际市场上的良田沃土，早已被西方公司抢占先机，只有在那些偏远、动乱、自然环境恶劣的地区，西方公司动作稍慢，投入稍小，华为才有一线机会。为了抓住这稀有的机会，无数优秀华为儿女离别故土和亲人，奔赴海外。无论是在疾病肆虐的非洲，还是在硝烟未散的伊拉克，或者海啸灾后的印尼，以及地震后的阿尔及利亚，到处都可以看到华为人奋斗的身影。

20 世纪 90 年代，与人民大学的教授一起拟定《华为基本法》时，任正非就提出要把华为做成一个国际化的公司。事实证明了任正非战略家的眼光，在走出去战略的执行过程中，华为除了价格、技术、市场等常规方法，还坚持把紧跟国家的外交路线作为华为自己的销售路线。任正非明确表示："中国的外交路线是成功的，在世界赢得了更多的朋友……华为的跨国营销是跟着我国外交路线走的，相信也能成功。"

要特别说明，千万不要把差的人推荐到海外去。千万不要像卸包袱一样地向国外卸，这一点大原则要明确。建议干部部门要建立制度，凡是有办事处推荐的员工在海外出问题，推荐他的主任就要受到一定的处分。

Business Develop

任正非是一个有野心的企业家，他一向坚信所谓逆水行舟、不进则退，企业想要活下去就必须不断壮大、不断发展。对待国际化的问题任正非同样表示，走出国门绝对不代表只在国外建设几个工厂，把一些产品卖出去，中国企业应该有更大的野心和更高的追求。

但是很多企业家存在这样的疑问：中国有很大的内需市场，中国市场就是全球最大的市场，那我们为什么还非得要走出去？光把内需市场做好行不行？

这种想法是片面的。一方面，先注重国内市场不错，中国本来这么大一个市场，如果在中国这个市场都做不好，走向海外、国际化可能无从谈起；另一方面，现在国际化是一种趋势，不是说企业想不想走出去，而是必须要走出去，你不走出去，别人会走进来跟你竞争。所谓国际化，并不意味着企业是否在国外驻扎，员工是否派驻国外，而是看企业能不能按照一种新的全球化的理念和规则来运营。所以说从这个角度来讲，所有的企业都应该培养这种国际化的视野。

国际化对任何一个国家来说都是一个痛苦的过程。20世纪七八十年代，日本企业刚进入美国市场的时候，因为对自己的定位、对对方的市场认识不清楚，也经历过一个痛苦的过程。我们大部分企业，尤其是民营中小企业，对国外的市场不了解，对国外做事的方式不了解，但最根本的是从一定程度上还没有完全商业化，这些都有可能让我们的国际化之路走得很坎坷。但这些问题通过不断加深了解、不断进行战略调整都可以克服，而一旦克服了这些困难，企业势必得到更好的发展。

另外，国内企业在国际化过程中并非毫无优势可言。首先，金融危机以来传统的发达市场，发达国家的企业，确实遭受了重创，这对中国企业来说是一次机会。从资金实力看，现在中国国有企业不差钱，他们要出去搞兼并收购，国家无论从资金上、政策上都会给予支持，这在国外的企业是没有的，也是中国企业目前的优势。

其次，中国本身是一个非常大的市场，以前我们走出去或者要寻求合作的时候，对方不一定有兴趣，但是现在如果我们把海外市场、中国市场统筹起来看，中国企业的介入以及合作，就变得非常有吸引力。

国内的企业领导者们应该有着这样的眼光：走出去是必然，而既然走出去，就不能满足于小小的成就，应该有更大的野心和追求。在不断进取中，企业才能得到长足的发展。

“本地化”
商机无限

国外市场拒绝机会主义，需要通过贴身服务来探索。

在海外拓展过程中，华为要实施本地化战略，始终把企业的社会责任放在重要位置，以期通过华为的努力推动当地发展，最终实现双赢。

在与华为的合作当中，非洲政府意识到通信行业会成为经济发展的助推器。越来越多的非洲国家开始建设电子政务，提高了政府运作效率；有不少非洲国家采用 CDMA 技术来实施普遍服务，加强农村和外界间的信息沟通，提高生活水平。华为获得了认可。华为在非洲收获了从幼稚走向成熟的经验，和非洲市场共同成长，目前已经成为非洲电信领域的领头羊之一。

对非洲的通信市场，华为一直抱着这样的愿景和理念：作为非洲通信市场可靠的合作伙伴，为非洲提供最先进的通信技术，培养当地的通信人才，通过通信丰富人们的生活。

目前，我们在非洲的员工超过 2500 名，其中本地员工占 60%，为当地优秀人才提供了就业机会，华为在海外的本地员工比例还有望继续扩大。与此同时，我们还在非洲投资建立了 4 个培训中心，包括尼日利亚、突尼斯、埃及和肯尼亚，培训当地电信专家。第五个培训中心设在安哥拉，正在建设当中。

这些成果还不足以让我们满意，日本的企业相比亚洲其他国家就已经比较国际化，但他们总结他们的失败原因时，还是说他们不国际化。想想华为比松下、NEC的国际化还差多少，有什么可值得盲目自豪的？亚洲企业的国际化本来就难，我国在封闭几十年后，短短20年的发展，还不足以支撑国际化。华为的国际化步伐更难，仅仅因为大量的外籍员工读不懂中文的文档，大量的国内员工英文也没过关，就足以看到华为的国际化是多么地困难。如果不克服这些困难，华为也可能是昙花一现。

——摘自《北国之春》

延伸阅读

2007年华为共收入125.6亿美元，位列全球第五大电信设备经销商。早在1994年，当华为自主开发的数字程控交换机刚刚取得一定的市场地位时，任正非就预感到未来中国市场竞争的惨烈和参与国际市场的意义。

华为首先瞄准的是香港。1996年，华为与长江实业旗下的和记电信合作，提供以窄带交换机为核心产品的“商业网”产品，与国际同类产品相比，除价格优势外，它可以比较灵活地提供新的电信业务生成环境，从而帮助和记电信在与香港电信的竞争中取得差异化优势。在这次合作中华为获得不少经验，和记电信在产品质量、服务等方面近乎苛刻的要求，也促使华为的产品和服务更加接近国际标准。

随后，华为开始考虑发展中国家的市场开拓，重点是市场规模相对较大的俄罗斯和南美地区。以俄罗斯为例，1997年4月华为在当地建立了合资公司(贝托－华为，由俄罗斯贝托康采恩、俄罗斯电信公司和华为三家合资成立)，以本地化模式开拓市场。2001年，在俄罗斯市场销售额超过1亿美元，2003年在独联体国家的销售额超过 3 亿美元，位居独联体市场国际大型设备供应商的前列。

2000 年之后，华为开始在其他地区全面拓展，包括泰国、新加坡、马来西亚等东南亚市场以及中东、非洲等区域市场。特别是在华人比较集中的泰国市场，华为连续获得较大的移动智能网订单。此外，在相对比较发达的地区，如沙特、南非等市场也取得了良好的销售业绩。此后，华为开始在觊觎已久的发达国家市场上有所动作。在西欧市场，从 2001 年开始，以 10G SDH 光网络产品进入德国为起点，通过与当地著名代理商合作，华为产品成功地进入德国、法国、西班牙、英国等发达地区和国家。2004 年与西门子成立合资企业，又成功打入荷兰、泰国、澳大利亚等国家的市场。

Business Develop

“走出去”远远不能涵盖中国企业国际化的全部内容，这就好比“出门”与“做客”，情况是不同的。“走出去”只是第一步，真正“走进”别人家成为主人接受的“客人”，甚至成为别人家的“主人”，则又是一个更大的考验。

2011 年中国企业国际化的榜单中，联想集团以 81.04 分，仅输华为 1.72 分的差距排名第二位。用柳传志的话说，对 IBM PC 的并购整合历经波折，到今天终于可以用成功来定义。

在 2011 年 9 月举行的联想国际化经验交流会上，柳传志语气坚定地说：“很慎重地、认真地说，联想并购 IBM PC 项目是成功的。成功的主要标志，根据我们原来预定的目标，一是要做到业绩的持续发展，另外当时实际上还有一个内在的目标，就是希望由中国人来领导一个真正国际化的企业。这个也实现了。”

联想对 IBM PC 的收购可谓历经险阻，闯过了重重险滩。交易完成后，各种预料中以及预料之外的困难接踵而至。现任联想集团高级副总裁、新兴市场总裁的陈绍鹏回忆并购之初，大家没有想到遇到的第一个难题是“部分并购”

的困难。“如果复盘，我觉得部分并购的难度甚至可能大于整体并购。”部分并购之后，各个环节还与原来的IBM架构体系相连，又要与新的架构组织整合，而两个架构体系的行为方式完全不同，随时都在出现“排异反应”。合并之后很长一段时间，供货慢成了客户抱怨的重点。“很长时间内很多工作人员必须在两套系统内同时工作,这种工作方式让大家精疲力竭。”陈绍鹏说。如是再三，联想最终在2008—2009财年，以2.67亿美元巨亏迎来合并之后的最大挫折。

但经过联想集团内部对这些问题的不断调整,将全球市场分为“成熟市场”和“新兴市场”两种战略的出台，联想终究战胜了这些困难，实现了“由中国人来领导一个真正国际化的企业”。

真正成熟、务实的国际化，应该是在“知己”的同时，也学会“知彼”。只有看到了自己的优势对于国外市场的挑战，我们才知道该如何在尊重、适应当地人的思维与价值观的前提下，冲破重重阻碍，从而真正占领广阔的海外市场。

在高群耀带领下的欧特克（中国）与叶莺带领下的柯达（中国），为我们做了很好的示范。他们行业不同、困难不同，但都力图给予东道国足够的尊重和他们自身良好的适应，进而为自己的跨国扩张争取更大的竞争力和更大的利益。

中国企业“走出去”固然重要，但要真正实现“走进去”，还需要更多推己及人的胸怀与智慧。

低头做事，抬头做人

热血沸腾能做什么事？静下心来踏踏实实做事才有收获。

没有合理的成长速度就没有足够的利润来支撑企业的发展。我们的企业生存在信息社会里，由于信息的广泛传播，人们的智力得到更大的开发和更大的解放，能够创造出更多的新产品和新技术来服务于这个世界。由于信息网络的加速庞大，使得所有新产品和新技术的生命周期越来越短。不能紧紧抓住机会窗短短开启的时间，获得规模效益，那么企业的发展会越来越困难。没有全球范围的巨大服务网络，没有推动和支撑这种网络的规模化的管理体系，就不能获得足够利润来支撑它的存在和快速发展。因此失去机会窗的原因对华为来说，主要是服务和管理，这是华为的战略转折点。

没有合理的成长速度，就没有足够的能力给员工提供更多的发展机会，从而吸引更多企业所需的优秀人才。人才的发展是马太效应，当我们企业有很好的经济效益时，就能更多地支撑人才加入，有了更多的优秀人才进入华为；由于我们有较高的管理水平，就会使人才尽快地成长起来，创造更多的财富。以更多的财富支撑更多的人才来加入，使我们的企业管理更加优化，我们的企业就有了持续发展的基础。

IT 产业的冬天是如何形成的？实际上是美国的新经济炒得太热而造成的。大家想想当时的情况，那时好像钢铁、汽车，都落后了，只有搞信息才赚钱，触网即“发”，无“网”不胜。所有的上市公司，不管是卖鸡蛋的、还是卖鸭蛋的，只要有一个 .com，几百亿、几千亿就圈进来了。我当时就认为这是极不正常的，道理很简单，也很朴素：人们不能吃信息，穿信息，住信息。粮食不要了，房子不要了，汽车不要了，然后人们就富裕起来了，怎么可能？因此，在新经济理论虚拟财富的推动下，人们非理智的追捧制造了整个世界对网络企业的大泡沫。

信息产业为什么会造成困难？因为消费者对信息需求是有限的，人只有一双眼睛，一天只有短短的 24 小时，而信息资源是无限的。需求的有限性和供给的无限性，是信息产业致命的阻碍，只要这个矛盾存在，信息产业的冬天就迟早会到来，冬天是必然的。

大量的无形资产在组合中才能发挥作用，对我们的企业来说，只要我们的结构不散，组织不垮，前面烧掉的钱就会变成所有后来的无形财富，这些都是我们的增值财富。现在，我们正处在一个好的时机，我们要享受以前的投资增值，要团结起来使这个队伍不要散掉。只要我们团结起来，共同奋斗，就没有过不去的坎。很多公司现在热血沸腾，准备做第二个思科。我认为没有那个时代了，一个时代一个模式，过去的时代未必会重演。热血沸腾能做什么事？静下心来踏踏实实做事才有收获。

——摘自《华为的红旗到底能打多久》

延伸阅读

在任正非看来，公司的扩张必须充分考虑公司的供应链系统，包括售后服务、制造体系等。供应链系统是一个整体，任何一个环节出错，都会给企业带来灾难。所以，在任正非看来，在各方面的体系还不够完善的条件下盲目扩张无异于自杀。有计划、不盲目的扩张能够成就一代企业霸主；无节制、一味追求速度的扩张很可能是浩劫的开始。过快的发展速度，会给企业带来很多的不确定性因素，企业就会处在不稳定的局面。

因为发展太快就一定有漏洞，有后遗症，而这个问题并不是靠经营者的能力可以完全解决的。那些迅速崛起又迅速倒闭的企业都是因为这个致命的错误造成的。

因盲目扩张而倒闭破产的企业不胜枚举，如德隆集团。德隆是一个拥有 270 亿资产，超过 200 家企业的大集团，它参与了十几个产业的经营，横跨一、二、三产业，从农产品加工到金融、证券、飞机厂，走上了一条风险极高的扩张之路；再看亚细亚，它的破产同样是因为无度扩张；还有美国著名的安然公司，也是由于盲目扩张而破产。所谓兵马未动，粮草先行，强调的就是各个环节的协调一致。

企业生存和发展的目标可以归结为相互关联又不能等同的三个词，即“做大”“做强”和“做久”。但绝大多数的经营者只有做大做强的雄心，却没有做久的胸怀和格局。

从这个角度上看，任何一个企业都需要有长久发展的策略。对国内外的所有百年企业的发展分析表明，这些企业之所以能够超越固有的企业寿命周期，是因为在长达百年的历史中一直处于相对稳定的成长期和成熟期，能够保证企业在上百年的时间中持续生存和发展。

物壮则老，大器晚成。想长久发展的企业经营者一定要明白这个道理。

Business Develop

2005 年初，五谷道场在品牌价值上出奇制胜，“拒绝油炸、留住健康”“非油炸、更健康”等理念让五谷道场迅速占领了市场。

上市前 3 个月，五谷道场就在各城市选择高档社区、写字楼、学校、车站码头、交通要道进行大规模免费派送。五谷道场开始红遍中国，上市当月即获得 600 万元的销售额。半年后，五谷道场市场全国铺开，每月回款达 3000 万元左右，公司上下无不陶醉在这迅速的胜利之中。五谷道场不断扩大销售队伍，增加产能，加大广告投入，同时在全国 30 多个城市设立办事机构，半年内员工数量一度扩展到 2000 多人。原本仅有几十个人的北京本部，竟然在很短的时间内建立起一支近千人的销售团队。

但这时的五谷道场已经埋下隐患。其财务控制过于粗放，严重透支了企业资源。"我们是中型企业在做大型企业的事情。"掌舵人王中旺也曾对媒体承认，"我们已经投资了 4.7 亿元，仅广告费就支出 1.7 亿元。"真正形成现金流的只有 3 亿元，这使得五谷道场的现金流开始吃紧。2007 年中期，五谷道场在全国各地超市相继出现了断货现象，五谷道场这个品牌逐步退出市场，中旺集团只好吞下失败的苦果。

发展企业，生存和发展同样重要，扩张和稳定需要平衡。经营者的责任就是要巧妙地把握住这两种力量之间的动态平衡，促使企业在扩张的过程中保持稳定，在稳定的基础上进行新的扩张。

质量好的车才能开得快。以德国汽车品牌举例，奔驰为人所称道的高质量不仅体现在发动机系统上，还体现在刹车系统上。驾驶者驾驶奔驰汽车的时候可以很放心地加快速度，因为良好的刹车系统让驾驶者没有翻车的后顾之忧。但当驾驶者开刹车性能一般甚至相对较差的汽车时，一定不会开得和奔驰车一样快，因为一旦车速过快则很难刹车，容易造成危险。所以说，没有把握停下来的人是跑不快的人。

在企业界长期存在着一种企业经营的悖论，认为企业的成功就是要以最快的速度把规模做大做强。因此许多经营者进入了一种思想误区，觉得企业如果不能一直向前进，那就不算成功。最近几年国际国内企业的并购和投资热潮证明了这一点，实际上有许多企业一并就死，一投就伤。

有人曾经将竞争比作老虎，企业在发展的过程中，如果停下来，就会被老虎吃掉，但是若马不停蹄地赶路，则可能会因为精疲力竭而倒下。因此，企业领导人必须平衡好这两者之间的关系，控制好企业前进和发展的速度，既要防止太慢被"老虎"吃掉，又要防止奔跑太快而摔倒。因此经营者必须要保持冷静的头脑，经常审视企业前进的速度，把握好稳定与发展的度。

相互的承诺，共同的契约

华为只需要把利润保持在一个合理的尺度。

华为公司追求什么？现在社会上最流行的一句话是追求企业的最大利润率，而华为公司的追求是相反的，华为公司不需要利润最大化，只将利润保持在一个较合理的尺度。那么我们追求什么呢？我们依靠点点滴滴、锲而不舍的艰苦追求，成为世界级领先企业，来为我们的顾客提供服务。也许大家觉得可笑，小小的华为公司竟提出这样狂的口号，特别在前几年。但正因为这种目标导向，才使我们从昨天走到了今天。

我们若不树立一个企业发展的目标和导向，就建立不起客户对我们的信赖，也建立不起员工的远大奋斗目标和脚踏实地的精神。因为电子网络产品大家担心的是将来能否升级、将来有无新技术的发展、本次投资会不会在技术进步中被淘汰。华为公司若不想消亡，就一定要有世界领先的概念。华为的追求是在电子信息领域实现顾客的梦想，并依靠点点滴滴、锲而不舍的艰苦追求，使我们成为世界级领先企业。

——摘自《华为的红旗到底能打多久》

延伸阅读

传统的经济学理论把人类行为抽象为经济人的行为，并将之作为经济分析的前提。经济人追求的是“利益最大化”的目标，企业主关心的是从企业中尽可能多地拿走他“应得的份额”，企业员工追求的是通过出卖劳力获取最多的工资或薪金。在这种假设前提下，无论是企业主还是企业员工关心的都是自身的直接物质利益，而这只有通过企业利润目标的实现才能得到满足，因此，追求最大利润即成了企业第一目标。但随着经济学理论的发展，企业经营目标开始由追求最大利润向获取适度利润转变。但是，迄今为止，相当一部分企业还是以传统经济学理论为指导，追求利润最大化。尤其是在当代中国，大多数企业还在为生存而奋斗，利润是企业存在的基础，是企业家不得不面对的现实，追求利润最大化是一种对现实的妥协。

但是，任正非不这样认为，他明确提出华为公司不需要利润最大化，只要将利润保持在一个较合理的尺度上即可。华为追求的是依靠点点滴滴、锲而不舍的艰苦努力，成为世界级领先企业。如果说，追求利润最大化的企业过于看重眼前利益，那么，追求成为世界级领先企业，看重的则是长远发展。所谓企业的社会责任，指在市场经济体制下，企业除了为股东追求利润外，也应该考虑相关利益人，即影响和受影响于企业行为的各方利益。在20世纪20年代，随着资本的不断扩张，出现了一系列社会矛盾，诸如贫富分化、社会穷困，特别是劳工待遇和劳资冲突等问题日益被重视，于是“企业的社会责任”被提出。

Business Develop

追求利润是每个企业都不能忽视的目标，但企业不能一味强调利润，领导者管理企业必然要平衡各种需要和目标，利润只是其中一个比较重要的目标，企业为了战略需要、长远发展，都不会把利润作为唯一目标。过度强调利润，就会使管理者重视短期利益，为了今天的利润，不惜牺牲明天的生存。一个不择手段的企业很难建立信誉、一个只重视眼前利益的管理者也很难取得大的成就。所以管理学家德鲁克把一味强调赢利看成管理中最愚蠢、最糟糕的办法。

当一般的生意人被问及什么是企业时，他们的答案通常是企业是营利的组织，一般的经济学家也会这样回答。然而，这个答案是非常片面的。利润和获利率并不是不重要，实际上获利率不是企业及商业活动的全部意义，只能算是一个重要的因素。利润也不是所有企业从事活动与决策时的唯一动机，而是检验企业效能的指标。

不以利润为唯一目标,就避免了企业为了追求利润而失去绝佳的商业机会。阿里巴巴的创始人马云觉得一个伟大的公司当然也需要赚钱，但是光会赚钱的公司不是伟大的企业。阿里巴巴最重要的原则之一，就是永远不把赚钱作为唯一目标。他觉得伟大的公司首先能为社会创造真正的财富和价值，可以持续不断地改变这个社会。

很多企业家在刚开始创业的时候，就把为众人服务作为企业的目标。譬如比尔·盖茨，他在创业之初就已经把“让千万人都用得上电脑软件”作为目标；譬如山姆 · 沃尔顿，他发誓要建立一种既便利又廉价的商业形态，沃尔玛帮他实现了这一理想；再如马云，他刚开始创业的使命就是“让天下没有难做的生意”。当然，光有使命是不行的，必须产生财富，这样，自身创造的价值才可以得到人们的认可。

做企业，既不能指望偶然的机遇，也不能完全靠利润来支撑，新企业只有多考虑未来的长远发展，才能逐渐做大做强。

有“双重保暖”不怕过冬

我同你们在座的人一样，一旦华为破产，我们都一无所有。

我肯定地说，我同你们在座的人一样，一旦华为破产，我们都一无所有。所有的增值都必须在持续生存中才能产生，要持续发展，没有新陈代谢是不可能的。包括我被代谢掉，都是永恒不变的自然规律，不可抗拒的，我也会以平常心对待。

沉舟侧畔千帆过，病树前头万木春。网络股的暴跌，必将对两三年后的建设预期产生影响，那时制造业就惯性进入了收缩。眼前的繁荣是前几年网络大涨的惯性结果。“物极必反”，这一场网络、设备供应的冬天，也会像它热得人们不理解一样，将冷得出奇。没有预见，没有预防，就会冻死。那时，谁有棉衣，谁就活下来。

冬天也是可爱的，并不是可恨的。我们如果不经过一个冬天，我们的队伍一直飘飘然是非常危险的，华为千万不能骄傲，所以冬天并不可怕。我们是能够度过冬天的，可能利润会下降一点，但不会亏损。与同行业的公司相比，我们的赢利能力是很强的。我们还要整顿好，迎接未来的发展。

——摘自《华为如何度过冬天》

延伸阅读

2001年，面对IT业的严冬，在危机战略思想的指导下，任正非开始大调整，以运动战来度过寒冬：在欧洲电信商的家门口，华为拿下了法国、德国、东欧的大批电信合同；在中亚，华为血战朗讯，扫荡了一个又一个中亚国家的市场；现在，华为的销售大军已深入南美丛林和非洲大漠，一个接一个地攻占市场。英国《金融时报》惊呼，中国的华为正在改写全球电信业的生存规则。2002年，华为成功演绎了全球围剿思科，大战思科的经典之作。

这是华为国际化路途中不能不提的一场战役。任正非指挥的这场"围剿战"持续一年，在思科状告华为侵犯其知识产权时，任正非一边在美国调用当地最好的律师对阵，一边结盟思科在美国的死对手3COM公司，就在官司最关键时刻，华为宣布的这一结盟消息使思科腹背受敌。华为思科案虽然最后和解，但任正非在这场跨国官司中的策略是任何公司都无法匹敌的。

早在2008年初的一次内部会议上，任正非就表示，华为会是即将到来的经济危机中最大的受惠者。为什么任正非敢如此论断？这是因为华为的业务布局更合理，拓展国际市场的优势更为突出。而支持华为做出更合理布局、在国际市场上取得更大优势的，是华为的管理体系，其表现就是华为"双核"的另一重心——核心竞争力。

Business Develop

冬天对优秀的企业来说永远是一个机会。2009年8月，思科首席执行官约翰·钱伯斯在接受《纽约时报》采访时说道："我从管理大师杰克·韦尔奇身上学到了另外一个经验。那是在1998年，那时我们应该是全球最有价值的公司之一，当我向杰克·韦尔奇询问：'需要付出什么才能成为一个伟大的公司？’他说，需要遇到很大的困难，然后克服。我迟疑片刻，然后说：‘嗯，当然，我们在 1993 年和 1997 年的时候确实经历过困难，那时候赶上了亚洲金融危机。’他说：‘不，约翰，我指的是致命的打击。’那时候我对他说的还不能透彻地领悟。到了 2001 年，我们真的遭遇了致命的打击。我们从一个最有价值的公司沦落到很多人对我们的领导力产生怀疑。接着挫折过后，到 2003 年，韦尔奇给我打电话说：‘约翰，你们现在可以成为一家伟大的公司了。’他是对的，正是那些致命的打击让我们不断壮大，你绝对不想浪费危机带来的发展良机。”“我们每次都能变得更加强大，拥有更多的市场份额，进军更多的相邻市场。”钱伯斯表示，“1993 年、2001 年、2003 年，这几个年份是思科在成长历史中经历过的一些挑战时期，但每一次我们都抓住了机会。在危机之后，我们的市场份额增加了、实力增长了，市值也提高了。”

能否安全地度过冬天、迎来春天，取决于企业能否在冬天中抓住机遇。很多人说中国的实体经济有很久的冬天，预计可能有 9 ~ 12 个月的过程。但是对互联网来说，互联网跟水、电、煤、气是同样站在一起的，所以，当实体经济需要 12 个月的时候，互联网可能就是 6 个月的过程，6 个月一眨眼就过去了，但会带给大家更多的思考。企业可以利用 6 个月的时间来重新审视一下自己的商业模式，未来会有很多机会在里面。

警惕
成功后的失败

经过一代又一代的华为人的努力，
华为的红旗会一代又一代更加鲜艳。

成功是一个讨厌的教员，它诱使聪明人认为他们不会失败，它不是一位引导我们走向未来的可靠的向导。华为已处在一个上升时期，它往往会使我们以为八年的艰苦奋战已经胜利。这是十分可怕的，我们与国内外企业的差距还较大，只有在思想上继续艰苦奋斗，长期保持进取、不甘落后的态势，才可能不会灭亡。繁荣的里面，处处充满危机。

在这个世界上除了懒汉、二流子之外，90%的人都在身体上艰苦奋斗，吃大苦、耐大劳是人们容易理解的。但什么人在思想上艰苦奋斗呢？并不为多数人所理解。科学家、企业家、政治家、种田能手、养猪状元、善于经营的个体户、小业主、优秀的工人……他们有些人也许生活比较富裕，但并不意味着他们不艰苦奋斗。他们不断地总结经验，不断地向他人学习，无论何时何地都在自我修正与自我批评，每日三省吾身，从中找到适合他前进的思想、方法……从而有所发明、有所创造、有所前进。

公司已确立了接班人的标准，各级岗位上正在涌现成千、以后还会上万的优秀儿女，他们承认华为的核心价值观，并拥有自我批判的能力。数十年对他们的不断优化、不断成长，接班队伍不断扩大，任何不合乎发展规律的东西都经不起时间的考验，企业管理将会有良好的净化能力。经过一代又一代的华为人的努力，华为的红旗会一代又一代更加鲜艳。一个企业的内、外发展规律是否真正认识清楚，管理是否可以做到无为而治，这是需要我们一代又一代的优秀员工不断探索的问题。只要我们努力，就一定可以从必然王国走向自由王国。

——摘自《反骄破满，在思想上艰苦奋斗》

延伸阅读

任正非早年提出的“通信市场三分天下，必有华为一席”的梦想基本上已经实现，接下来的路怎么走？目前华为的发展已经迈入“打造整体软实力”的第三阶段，慢慢地以均衡的姿态、以“灰度”的心态走向平和、走向理性。

一个大家都很熟悉的问题是：在自然界是先有鸡，还是先有鸡蛋？有的人认为自然界先有鸡后有鸡蛋，不然鸡蛋是从哪来的呢？有的人却觉得自然界先有鸡蛋后有鸡，如果没有鸡蛋，鸡怎么会出世呢？这就正如起点和终点，人是先从起点出发后到达终点，还是先到达终点后再从起点出发呢？生活中，每个人都经历着不同的起点到终点，终点到起点。每个人从这个起点出发后到达终点，再将下一个终点视为起点继续出发，对企业来说是同样的道理。

任正非认为,成功是没有止境的。例如,对于生产的工艺、产品的加工质量，华为人都应该有一种“每天继续改进”的欲望；而市场营销则要从公关、策划型向管理型转变；至于中高层管理人员要善于作势，基层管理人员则要把工作做实。任正非坚持认为，成功只能说明过去，只有在思想中保持艰苦奋斗的优良传统，才能不为过去的成就所束缚，才能在更高的层次获得更大的进步。

世界上没有完美的人，也没有完美的企业，华为当然也不例外。虽然华为取得了一个又一个的成功，但是外界对华为的质疑从来没有停止过。对过去的华为而言，任正非确实是一个不可否定的因素。但任正非的退休和离去是肯定的，谁都改变不了。华为如果没有管理体系，没有这个大平台，那么老人一旦退休，可能问题会变得非常严重。但对今天的华为而言，任正非背后的企业战略和管理体系才是最重要的，只要这两个因素健全，华为的文化就一定能够延续。如果能在管理体系的建设上进一步优化，华为完全有能力从优秀走向卓越。而如今任正非和他率领的华为团队正在努力地打造这一体系，这也是任正非的使命之一。

Business Develop

企业发展不容易，有人认为满足于现状是一种知足常乐的好心态，也有人认为打下江山也要守好江山才行，但残酷点来说，安于现状、不能与时俱进的企业通常不能在市场竞争中生存下去。在企业蓬勃发展的时候更要去创新，虽然马云说过，“将来是小企业的天下，企业越小，越容易活下去”，但一个有理想、有追求的小企业才能更好地生存下去。虽然小企业的韧性很强，但是生命力很弱，他们经不起资金周转不灵、金融危机袭击、质量出差错等情况发生。事实证明，如果出现那样的情况，很多时候会让小企业一蹶不振，甚至破产。

在这点上，任正非所提出的全员危机意识，时刻自省、时刻向前看的观念才是保证企业持续发展、不被时代所淘汰的正确选择。18 世纪西方发明了汽车，逐步对之前的交通工具马车构成了严重的威胁。有两家马车生产企业面对威胁做出了不同的选择，其结果也截然不同。A 马车厂在马车的外观与舒适性上大做文章；B 马车厂则转向生产汽车。最终 A 马车厂随着马车退出历史舞台，也慢慢销声匿迹，而 B 马车厂则随着汽车的发展生意越做越大。这两个马车厂家的兴衰命运是由企业主对问题的不同理解决定的。A 马车厂老板认为自己是生产马车的，汽车的出现对自己是个严重的威胁，是马车的竞争对手，A 马车厂老板就想出各种办法对抗汽车；而 B 马车厂老板则认为自己是生产代步工具的企业，汽车取代马车，将是社会进步的必然结果，所以就果断放弃马车的生产，转为生产汽车，避免了被市场淘汰的厄运，并取得了跳跃式的发展。

随着社会的发展与进步，不断创新与淘汰是不可避免的，能够像 B 马车厂老板那样，抓住威胁背后的机遇，借势突破发展，将会获得成功。但在我国，中、小企业中能够这样看问题的企业家很少，多数像 A 马车厂老板那样，守着昨日的辉煌，不肯顺应时代的发展，更不会发现其背后的机遇。违背市场发展的规律就如逆水行舟，终将被市场淘汰。

第十章
资源是会枯竭的，唯有文化生生不息

核心竞争力对一个企业来说应该是多方面的，对华为来说，虽然技术是核心，市场是生命线，但企业文化却是保障企业发展的前提条件。

华为荣耀之——企业的传承文化

做人像山，做事像水

当社会上根本认不出你是华为人的时候，你就是华为人。

对待媒体的态度，希望全体员工都要低调，因为我们不是上市公司，所以我们不需要公示社会。我们主要是对政府负责任，对企业的有效运行负责任。对政府的责任就是遵纪守法，我们去年交给国家的增值税、所得税是 18 个亿，关税是 9 个亿，加起来一共是 27 个亿。估计我们今年在税收方面可能再增加百分之七八十，可能要给国家交到 40 多个亿，我们已经对社会负责了。媒体有他们自己的运作规律，我们不要去参与，我们有的员工到网上辩论，是帮公司的倒忙。媒体说你好，你也别高兴，你未必真好；说你不好，你就看看是否有什么地方可改进，实在报道有出入的，不要去计较，时间长了就好了，希望大家要安安静静的。前几年国外媒体说我们资不抵债，亏损严重，快要垮了，但不是它说垮就垮的。也许它还麻痹了竞争对手，帮了我们的忙。半年前，还在说我们资不抵债，突然去年底美国媒体又说我们富得流油，还说我有多少钱。我看公司并不富，我个人也没多少钱。你们看我像有钱人吗？你们最了解，我常常被人误认为老工人。财务对我最了解，我去年底，才真真实实还清了我欠公司的所有账，这世纪才成为无债的人。当然我买了房子，买了车。我原来是 10 万元买了一台广州厂处理的标致车，后来许多领导与我谈，还是买一个好一些的车，万一车祸能抗一下。所以媒体说我们富，就富了？我看未必。所以我们的员工都要自律，也要容忍人家的不了解，不要去争论。有时候媒体炒作我们，我们的员工要低调，不要响应，否则就是帮公司的倒忙。

我认为，我们要严格要求自己，把自己的事做好，把自己不对的地方改正。别人说得对的，我们就改了；别人说得不对的，时间长了也会证实他说得没道理，我们要以平常心对待。我希望大家真正能够成长起来，挑起华为的重担，分担整个公司的忧愁，使公司不要走上灭亡。希望大家正确对待社会上对我们的一些议论，希望大家安安静静的。我想，每个员工都要把精力用到本职工作上去，只有本职工作做好了才能为你带来更大的效益。只有这样我们公司才能安全、稳定。不管遇到任何问题，我们的员工都要坚定不移地保持安静，听党的话，跟政府走。我们华为人都是非常有礼仪的人。当社会上根本认不出你是华为人的时候，你就是华为人；当这个社会认出你是华为人的时候，你就不是华为人，因为你的修炼还不到家。

——摘自《华为的冬天》

延伸阅读

任正非的可贵在于他对于低调的始终如一的坚持。正因为低调，所以在网上要找到他的图片都很难；因为低调，这位卓越的企业家显得更加神秘；因为低调，任正非与他所领导的华为少了很多浮躁；因为低调，华为似乎更加沉稳成熟，促使华为走向卓越，不断超越。做企业，需要踏踏实实做，不用炒作题材，不是短期行为；不靠明星效应，也不用媒体跟风。任正非说：“我已习惯了我不应得奖的平静生活，这也是我今天不争荣誉的心理素质（形成的缘由）。”在任正非的引导下，华为人摒弃了不该有的浮躁和过分的自豪，剔除了躁动的种子，为公司的发展需要严格地约束着自己的行为。

企业文化建设对企业发展来说，是具有划时代的意义的，这一点是被实践证明了的。企业文化是企业管理中不可忽略的一种精神因素，它存在于企业组织的各个方面、各个层次，从而在企业中形成一种价值观念、组织风气、思维方式和行为习惯，进而为企业创造出一种良好的组织环境和组织氛围，并从观念、信仰的层次上调动企业员工的工作积极性和对企业的忠诚度。由此可见，企业文化对企业组织的运转具有不可替代的作用。

万科公司的董事长王石在谈到企业文化建设时曾这样说："万科的企业文化是从创立之初到现在的一个积累总结的结果，在过去很长一段时间里，公司并没有形成明确、统一的文化理论，也没有自觉地展开企业文化建设。只是从2001年开始，公司才开始有意识地对企业文化进行系统地梳理，并进行有意识地宣传，既针对公司内部，也针对公司外部。后来，我们把企业的宗旨确定为'建筑无限生活'，把愿景确定为'成为中国房地产行业的领跑者'，把核心价值观定为'创造健康丰盛的人生'，这才形成了一套系统的企业文化体系。"

近年来，企业文化建设一直是管理学研究的热点，但就目前形势看来，很多企业的文化建设还停留在"看上去很美，说起来很甜，做起来很难"的初级阶段。认识到企业文化建设重要性的企业尚属少数，而且在具体行动上还存在较大差距。除少数企业已进入企业文化建设的深化和提高阶段外，中国大多数企业尚处于基本形成和酝酿探索阶段。为什么管理学家和企业家们如此心仪的企业文化总是飘在空中，落实不到位呢？归根结底是因为企业家对于企业文化重要性的认识不深，从而导致企业文化建设仅仅停留在纸上，而不能落在实处。因此，要想加强企业文化建设，就必须要求企业家们对企业文化建设的重要性有深入透彻的了解，进而使他们能够从根本观念上加强对企业文化建设重要性的认知，从而在具体管理实践中将企业文化落到实处。

岁月铸诚信，修身赢天下

华为这十几年来铸造的就是这两个字：诚信。

华为这十几年来铸造的就是这两个字：诚信。对客户的诚信，对社会、政府的诚信，对员工的诚信。只要我们坚持下去，这种诚信创造的价值是取之不尽、用之不竭的，要认识到我们花掉的很多钱是要形成未来的财富。我们经过十年的时间，花大量的金钱和精力，在市场上塑造了两个字“诚信”，这是我们的立身之本，是我们的核心竞争力，是华为公司对外的所有形象，这个无形资产是会给我们源源不断地带来财富的。

一切以物质利益为基准，是建立不起一个强大的队伍的。君子取之以道，小人趋之以利。必须使员工的目标远大化，使员工认识到他的奋斗与祖国的前途、民族的命运是连接在一起。为伟大祖国的繁荣昌盛，为中华民族的振兴，为自己与家人的幸福而努力奋斗。我们提倡精神文明，但我们要用物质文明去巩固。爱祖国、爱人民、爱事业和爱生活是我们凝聚力的源泉。责任意识、创新精神、敬业精神与团结合作精神是我们企业文化的精髓，实事求是是我们行为的准则。

——摘自《任正非：华为的核心价值观》

延伸阅读

华为员工到美国洛杉矶出差，在洛杉矶乘坐地铁，买票全部是自助的，除了地铁司机以外，看不到一个乘务人员，没有任何入站检票口和出站检票口，买什么票，买多少钱的票，坐到哪个地方下车，全凭自觉；在酒店结账的时候，服务员并不会去检查房间，只有前台会问有没有消费饮料，然后就可以结账走人；在凤凰城机场取行李时，发现取行李的地方是公共的，每个人拿了自己的行李就走了，没有人监督检查。这些给华为人上了一堂生动的诚信教育课，而华为公司也一直在提倡诚实、守信。

国家兴亡，匹夫有责。中国自古以来都特别强调民众的社会责任，要求每个人都关心国家的命运与前途，积极参与到社会大变革中。对个人如此，对企业亦同样要求。任正非认同这样的做法，同时他主张，华为人首要的任务是做好本职工作，在此基础上为全民族的发展做出自己的一份贡献。

Business Develop

同仁堂的成长，伴随着民族的兴衰荣辱，展现的是儒家文化中“济世爱民”的思想。这个比美国历史还长 103 年的百年老店，在其 338 年的历史中一直小心呵护着自己的金字招牌。

2003 年在抗击“非典”过程中，同仁堂每卖出一服“抗‘非典’方”就亏损 2 元钱，仅此一项该企业就报亏 600 万。“政府发布了限价令，规定每服药只能卖 9 元；可是药材的采购价格却数倍地疯涨，过去 1 公斤金银花价格不会超过 40 元，‘非典’期间却达到 300 元每公斤的价位。”当时不少实力不济的药店纷纷放弃销售“抗‘非典’方”,而同仁堂的决策层却告勉自己的员工说：“300 多年来我们信奉‘同修仁德，济世养生’的企业宗旨，国家有难之际也是我们回报社会之时。”也正是因为这样的企业精神，同仁堂才有一次次令人钦佩的壮举，才能面对国家与民族的危难而奋起。

“商家逐利，天经地义”，可像同仁堂这样讲究逐利有道，却非一般的企业能做到的。同仁堂的经营理念和商业信誉建立在中国几千年的儒家思想上，尤其是以“仁”为核心的哲学基础之上。同仁堂一路走来，300 多年枝繁叶茂，秘诀正在于它一直秉持着以人为本的企业理念，并不折不扣地执行着。

李嘉诚先生说：“资金，是企业的血液，是企业生命的源泉；信誉、诚实也是生命，有时比自己的生命还重要。”信誉是树立品牌的关键点。在当今市场，从牙刷到理财服务，每样东西都已成为商品。由于产品、服务和技术如此易于模仿，企业信誉成为决定顾客购买取向的主要依据。企业卖的是信誉，而不仅是产品。消费者给予企业无任何条件的赞扬，有口皆碑，这就是美誉度。这种美誉度是无价的，是最可贵和最可靠的市场资源。

当市场日益成熟起来之后，市场的选择功能和淘汰功能也随之增大，微利取代暴利，消费者主权取代生产者主权，买方取代卖方，企业只有在社会的认同下、需要下，才能寻求到自己的发展空间；而那些因缺乏诚信而得不到消费者承认的企业和企业家，最终将会被淘汰出局。企业在市场浪潮中航行，诚信营销定会为企业保驾护航。

华为的接班人
定会继续荣耀华为

要相信华为的惯性，相信接班人的智慧。

万里长城、河边的纤夫、奔驰的高铁……都让我深刻地体会到，组织的力量、众人的力量，才是力大无穷的。人感知自己的渺小，行为才开始伟大。在创立华为时，我已过了不惑之年。而我进入不惑之年时，人类已进入电脑时代，世界开始疯起来了，时代已经没时间与机会让我不惑了，前程充满了不确定性。我后来明白，一个人不管如何努力，永远也赶不上时代的步伐，更何况知识爆炸的时代。只有组织起数十人、数百人、数千人一同奋斗，你站在这上面，才摸得到时代的脚。

在华为成立之初,我是听任各地“游击队长”们自由发挥的。其实，我也领导不了他们。前十年几乎没有开过办公会类似的会议，总是飞到各地去，听取他们的汇报，他们说怎么办就怎么办，理解他们，支持他们。也许是我无能、傻、如此放权，才使各路诸侯的聪明才智充分发挥，成就了华为。今天的接班人，个个都是人中精英，他们还会不会像我那么愚钝，继续放权，发挥全体的积极性，继往开来，承前启后呢？他们担任的事业更大，责任更重，会不会被事务压昏了，没时间听下面唠叨了呢？要相信华为的惯性，相信接班人的智慧。

2002 年，公司差点崩溃了。真的，不是公司的骨干们，在茫茫黑暗中点燃自己的心，来照亮前进的路程，现在公司早已没有了。这段时间孙董事长团结员工，增强信心，功不可没。

大约 2004 年我们开始了轮值主席制度，由八位领导轮流执政，每人半年，经过两个循环，演变到今年的轮值 CEO 制度。也许是这种无意中的轮值制度，平衡了公司各方面的矛盾，使公司得以均衡成长。轮值的好处是，每个轮值者，在一段时间里，担负了公司 COO 的职责，不仅要处理日常事务，而且要为高层会议准备起草文件，大大地锻炼了他们。同时，他不得不削小他的屁股，否则就达不到别人对他决议的拥护。这样他就将他管辖的部门，带入了全局利益的平衡，公司的山头无意中在这几年削平了。

我不知道我们的路能走多好，这需要全体员工的拥护，以及客户和合作伙伴的理解与支持。我相信由于我的不聪明，引出来的集体奋斗与集体智慧，若能为公司的强大、为祖国、为世界做出一点贡献，20 多年的辛苦就值得了。我们对未来的无知是无法解决的问题，但我们可以通过归纳找到方向，并使自己处在合理组织结构及优良的进取状态，以此来预防未来。死亡是会到来的，这是历史规律，我们的责任是应不断延长我们的生命。

千古兴亡多少事，一江春水向东流，流过太平洋，流过印度洋……不回头。

——摘自《2011 任正非圣诞讲话：一江春水向东流》

延伸阅读

早在 2010 年底，有关华为接班人的问题就众说纷纭，成为社会关注的焦点。

有报道称华为掌门人任正非以10亿元人民币的“分手费”逼走公司董事长孙亚芳。对于任正非为了让儿子顺利接班，排除异己的谣言，2010年底任正非曾做出回应：“华为有近7万名员工……他们将集体决定公司的命运，怎么可能由一个人决定这个事怎么做呢？华为不是我一个人的公司，从创立那一天起，确立的路线就是任人唯贤，而不是任人唯亲！”

一年时间过去，关于华为接班人的话题并未随着任正非的回应画上终点，反而愈演愈烈。于是2011年的圣诞讲话上，任正非的演说终于涉及“接班人”这一敏感话题。

在圣诞讲话中我们可以读出三点任正非想要重点表达的思想。首先，任正非以极低的姿态做出了对自己能力的剖析，甚至用到了“傻”这样的形容词。这样的任正非都能够带领华为走向今天，华为人怎么能不相信下一代接班人的智慧？其次，任正非更加具体地阐释了他2010年表达过的“集体的力量决定公司命运”这一思想，对于华为员工从创立伊始至今的贡献给予了高度的赞扬，并希望其能继续团结在下一代接班人身边继续贡献光热。最后，任正非提到了关注焦点之一的孙亚芳董事长，盛赞孙董事长在华为困难时期功不可没，以此回应舆论的质疑。

任正非是智慧的，他不会为舆论的声音所左右，却能够用一次内部演讲的力量阐释清楚他的观点和信念，以达到安定军心的作用。在演讲的最后，任正非更是没有忘记提到他时时刻刻记在心头的危机意识，以鞭策华为的员工紧密地团结在一起，不断地前进。

Business Develop

为公司挑选下一任CEO，是最重要的工作之一，这对公司的长期战略和业绩影响深远。按理说这是一个常识，每一家公司都应该有一个继任计划。然而，很多公司的董事会根本就没有这样的计划，仿佛这是一件并不紧迫的事情。直到公司现任 CEO 马上要离职了，公司董事会开始手忙脚乱地去寻找新任 CEO 的潜在人选，通常这时已经有点晚了。

让我们看看那些堪称卓越的公司是怎么做的。在 IBM、施乐和宝洁，一个新任 CEO（他们通常也是公司的董事长）的重要职责，就是为自己寻找接班人。无论是即将卸任的 IBM 的 CEO 彭明盛，2010 年初卸任的宝洁 CEO 雷富礼，以及 2009 年卸任的施乐 CEO 安妮·马尔卡希，他们在上任伊始就开始寻找和培养自己的接班人，这个时间跨度甚至高达十年。

先看宝洁是怎么做的。宝洁的董事会在指定核心职责时，把 CEO 继任放在首位，其次才是战略监管、公司治理和风险管理。宝洁的前任董事长和 CEO 雷富礼经常想方设法让董事会早早介入、经常介入 CEO 继任流程。为此，宝洁对董事会的工作方式进行了调整，每年董事会的第一次会议都致力于讨论 CEO 继任和高管领导力发展事宜。

如果公司运营良好，内部候选人就是最佳选择；而当公司陷入危机时，外部候选人会表现更出色。总体而言，董事会成员出身的 CEO 比其他类型的候选人总体表现出色，他们比外人更了解公司，比内部人更能放开手脚，而且他们很多人本身就担任过 CEO，所以他们有着不可比拟的优势。

当然每个公司的情况都不相同，这也决定了每个公司都有自己的接班人选择模式。但是一定要注意的是，接班人的选择一旦陷入纷争，极易造成管理层不稳，企业内部军心不稳，因此应当得到企业内部的高度重视。

唯有文化
生生不息

我们公司一无所有，只有靠知识、技术，靠管理，在人的头脑中挖掘出财富。

一切工业产品都是人类智慧创造的。华为没有可以依存的自然资源，唯有在人的头脑中挖掘出大油田、大森林、大煤矿……精神是可以转化为物质的，物质文明有利于巩固精神文明，我们坚持以精神文明促进物质文明的方针。

这一点是我在阿联酋考察时所得。阿联酋作为一个沙漠里的小国，他们和以色列一样非常伟大，他们把石油所得的资金转化为一种民族文化，让全民族的人都到英国、美国等世界各国接受良好教育，通过这种不断循环，用一百年的时间，成为一个非常发达的国家，事实也正是这样。全世界最漂亮的城市就是阿联酋，在沙漠里面完全是用淡化海水浇灌出的花草，房子的建设等各方面都非常漂亮。以此为基础，在两个小时的飞机行程、七天汽车行程为半径的范围内形成了一个经济圈，印度和巴基斯坦都在这个圈内；以自己为中心建了一个商业中心作为中转港，自己称为中东的香港。现在商业收入已占国民收入的40%，继续这样发展下去，当石油枯竭时，它绝不会再去赤日炎炎的沙漠放羊。正像孙亚芳副总裁在以色列的感受，想想我们与以色列相比，我们的自然资源不知要好到多少倍。以色列能在一亩地上产35吨西红柿，我们如果能每亩生产3.5吨就已经很了不起了。

以色列国在两千多年前被别国征服了，犹太民族被迫迁徙到世界各地。但犹太文化保存下来了，而且生生不息。两千年后，犹太民族又在原来的地方重建了自己的国家。

华为公司认为资源是会枯竭的，唯有文化才会生生不息。这里的文化不是娱乐活动，而是一种生产关系，不仅包含了知识、技术、管理、情操……也包含了一切促进生产力发展的无形因素。我们公司一无所有，只有靠知识、技术，靠管理，在人的头脑中挖掘出财富。

——摘自《唯有文化生生不息》

延伸阅读

在华为的企业文化中，很重要的一点就是负责任的精神。在华为绝大多数新员工都是刚刚毕业的大学生，有本科生、硕士以及博士，而他们中大多数都没有工作经历，只有理论知识。走出学校进入社会就不同了，他们成了一个承担责任和义务的载体，首先要对自己的言行负责；要对自己的家人、父母和社会负责；进入公司以后，要遵守公司的规章制度和纪律，要努力完成好工作，没有那么多的自由和多余时间，也没有那么多兴趣相投的玩伴。作为新员工，他们马上要投入新工作、走上新的岗位，因此与在学校最大的不同就是他们需要对自己的岗位负责。同时，任正非强调“凭责任定待遇”也是对新员工的一种激励。员工对自己的待遇都很关注，当公司明确了按责任定待遇的规则之后，员工就会加倍认真负责地对待自己的工作、自己的岗位。

资源是会枯竭的，但是文化却可以传承。任正非将培育一个富有责任感的企业文化氛围看得十分重要，并希望这种企业的责任文化体系能够一代代地为华为员工所发扬光大。

Business Develop

企业文化应该是包括企业的核心理念、经营哲学、管理方式、用人机制、行为准则、企业氛围的总和，是一个综合体。从根本上讲，企业文化是一个企业生生不息的源泉，更是企业的灵魂。在员工层体现的是企业士气，在管理层体现的是企业管理理念和企业家精神，是企业凝聚力和活力的源泉。

企业文化的力量是巨大的,这种“软力量”主要体现在以下四个基本功能上：

1. 导向功能：旗帜鲜明地崇尚某种价值观，反对某种价值观，坚定地把员工的思想和行为引导到企业的发展方向上和要求上来。

2. 凝集功能：使员工产生对企业的归属感和共同体意识。

3. 激励功能：企业文化是企业活力的加速器。

4. 约束功能：形成舆论压力、理智压力和感情压力。

那么，企业应该从哪些方面着手建立企业文化呢？以下几种方法可供企业管理者参考：

1. 晨会、夕会、总结会。就是在每天的上班前和下班前用若干时间宣讲公司的价值观念。总结会是月度、季度、年度部门和全公司的例会，这些会议应该固定下来，成为公司的制度及公司企业文化的一部分。

2. 思想小结。就是定期让员工按照企业文化的内容对照自己的行为，进行自我评判，如是否做到了企业要求，并如何改进。

3. 树立先进典型。给员工树立一种形象化的行为标准和观念标志，通过典型,员工可形象具体地明白“何为工作积极”“何为工作主动”“何为敬业精神”“何为成本观念”“何为效率高”，从而提升员工的行为。

4. 外出参观学习。外出参观学习也是建设企业文化的好方法，通过参观学习，使员工努力改进工作向别人学习。

5. 开展互评活动。员工对照企业文化要求评价同事工作状态，也评价自己做得如何，并由同事评价自己做得如何，通过互评运动，改正缺点，发扬优点，以达到工作状态的优化。

6. 领导人的榜样作用。在企业文化形成的过程中领导人的榜样作用有很大的影响。

7. 创办企业报刊。这是企业文化建设的重要组成部分，也是宣传企业文化的重要载体；是向企业内部及外部所有相关的公众和顾客宣传企业的窗口。

以上所列只是建设企业文化的一部分内容，建立企业文化要从工作的各个环节着手，将各项工作执行过程中的指导思想提炼出来，以不断加强企业文化建设。

小家不爱
何以爱天下

一个连父母、家庭都不爱的人，爱天下未免缺乏真实感。

我们培养员工从小事关心他人，关心自己的亲人，帮助我们的亲人就是帮助我们的国家。有良好的个人修养，才会关怀祖国的前途。一个人连父母、家庭都不爱的人，爱天下未免缺乏真实感。什么时候你是个中国人呢？当你在任何时候看到中国取得的巨大成就落泪时，你就是个中国人了。北大校庆时，江泽民同志在台上讲话，下面众多老北大人流泪时，我觉得他们是真正的中国人。华为的企业文化是建立在国家文化的基础上的。只有站在国家的高度去思考问题，才是真正的中国人。

华为以产业报国和科教兴国为己任，以公司的发展为所在区域做出贡献。为伟大祖国的繁荣昌盛，为中华民族的振兴，为自己和家人的幸福而努力。两部发动机,为国家,也为自己与亲人。华为公司不鼓励员工都去关心国家大事，而是鼓励员工把本职工作做好。本职工作搞好了，公司发展了，对国家的贡献大了，国家的大事也就容易解决了。华为经历了十年的努力，确立了自己的价值观，这些价值观与企业的行为逐步可以统一了，形成了闭合循环。因此，它将会像江河水一样不断地自我流动、自我优化，不断地丰富与完善管理。

——摘自《华为的红旗到底能打多久》

延伸阅读

在《华为基本法》中，有这样一段话："爱祖国、爱人民、爱事业和爱生活是我们凝聚力的源泉。责任意识、创新精神、敬业精神与团结合作精神是我们企业文化的精髓。"在任正非的许多文章中，字里行间都能感受到他对国家的热爱，对事业的执着，对家庭的重视，对长辈的尊敬。古代对于成功的人一般用立言、立德、立功三方面来概括，我们可以说，在"立言"与"立功"方面，任正非的成就已经众所周知；而在"立德"方面，任正非做得同样出色。

任正非说："华为及其员工一直把爱祖国、爱人民、爱党作为自己的企业文化，把国家前途、民族命运、企业的兴衰、个人得失、家庭幸福看成一条生命链。我们倡导全体员工除了努力提高自己企业的核心竞争力外，积极参加各类社会活动，支持社会进步的各项举措，提高自己的精神素养；积极关心国家，支援希望工程；积极参加抢险救灾，热情捐赠；积极帮助贫困学生完成学业……"事实正是如此。

在《我的父亲母亲》中，任正非写道："回想起来，革命的中坚分子在一个社会中是少的，他们能以革命的名义，无私无畏地工作，他们是国家与社会的栋梁。为了选拔这些人，多增加一些审查成本是值得的。而像父母这样追随革命，或拥护革命，或不反对革命的人是多的，他们比不革命好，社会应认同他们，给予机会。不必要求他们那么纯洁，花上这么多精力去审查他们，高标准要求他们，他们达不到也痛苦，而是要精神文明与物质文明一同来支撑，以物质文明来巩固精神文明，以一种机制来促使他们主观上为提高生存质量，客观上是促进革命，充分发挥他们贡献的积极性。我主持华为工作后，对待员工，包括辞职的员工都是宽松的，我们只选拔有敬业精神、献身精神、有责任心、使命感的员工进入干部队伍，只对高级干部严格要求。这也是亲历亲见了父母的思想改造的过程，而形成了我宽容的品格。"这里任正非写出了自己品格的宽容的一面，他是一个充满温情、感情丰富、素养深厚的人。任正非意识到，“是党和政府营造的宏观发展环境，是客户多年来给予的理解和帮助，才使华为从幼小的树苗成长到今天的规模和水平”。华为是懂得感恩的，同样华为也以自己的不懈努力，争取更大的竞争优势，为员工、为社会、为社区、为国家不断创造着贡献。

Business Develop

迈克尔·波特在《战略与社会：竞争优势与企业社会责任的联系》一文中将企业社会责任分为反应型和战略型两种，反应型企业社会责任，是指“企业做好自己的本分工作”，即传统做法；而战略型社会责任，则是“寻找能为企业和社会创造共享价值的机会，包括价值链上的创新和竞争环境的投资”，因为只有通过战略性地承担社会责任，企业才能对社会施以最大的积极影响，同时收获最丰厚的商业利益。

比如，戴尔公司的旧产品回收活动，公益事业宣传是发起募集旧电脑捐赠给非营利组织的活动；公益事业关联营销是当淘汰产品达到三件时，戴尔可以为购买指定产品提供 10% 的折扣；企业社会营销则是回收旧打印机；慈善活动是员工可以向多个支持项目捐款；社区志愿者活动是员工可以带薪参加社会义工；对社会负责的商业实践是制定的环保原则、政策和目标的产品设计；等等。

企业社会责任在国外已有了很大发展，也有了相当成熟的理论基础，但在国内，因为法律环境尚不完备、社会各方对企业的信任度不高，推行企业社会责任的环境还很不成熟，企业在社会营销过程中面临的难度可能很大。

尽管如此，一个有责任感的企业仍会在明礼诚信、保护环境、文化建设、可持续发展、慈善等方面不断做出努力，这既是社会对企业的要求，更是企业自身存在价值的体现。